Uso de la Tecnología en el Aula

Uso de la Tecnología en el Aula

Gregorio Sánchez Ávila

Número de Control de la Biblioteca del Congreso de EE. UU.:   2012921675
ISBN: Tapa Blanda   978-1-4633-4401-6
               Libro Electrónico   978-1-4633-4400-9

Para realizar pedidos de este libro, contacte con:
Palibrio
1663 Liberty Drive
Suite 200
Bloomington, IN 47403
Gratis desde EE. UU. al 877.407.5847
Gratis desde México al 01.800.288.2243
Gratis desde España al 900.866.949
Desde otro país al +1.812.671.9757
Fax: 01.812.355.1576
ventas@palibrio.com
404587

ÍNDICE

CAPITULO VI
UNA CITA CON EL PENSAMIENTO...................................149

A la memoria de mis padres y hermano

Juan Pedro Sánchez Esquivel (1916 – 1989)
Úrsula Guadalupe Ávila Chavarría (1924 - 2011)
Lauro Sánchez Ávila (1953 - 1985)

A mi esposa
Leonor García Perea

A mi sobrina
Cristina Sánchez Ávila

PRESENTACIÓN

Enseñar no es una función vital,
porque no tiene el fin en sí misma;
la función vital es aprender.
Aristóteles

Este libro ha sido concebido de manera especial y la inquietud de escribir, que me entusiasmaron los catedráticos al ingresar a los estudios de doctorado. Pero no resulta nada fácil realizar dicha inquietud, debido a la exigencia de cada materia y acreditarla.

Al escuchar sus anécdota de la **Dra. Dolores García Perea** y del **Dr. Gabriel Rojo Vences** en sus respectivas conferencias magistrales, coinciden en sus comentarios, que en sus años que cursaron la secundaria le entusiasmo la idea de escribir como consecuencia de leer un reportaje titulado ¿**Por qué se escribe**? A partir de dicha nota le despertó la curiosidad de adolescente adquiere una nueva dimensión, ya no basta preguntar, las respuestas ocupan un lugar central.

El escuchar ambas versiones, el participar como ponente y asistente en eventos académicos, haber publicado ensayos, reactivo la necesidad de escribir de forma estructurada no la de un tratado teórico ni la de un manual con respuestas sistemáticas a interrogantes al tema presentado. He buscado, simplemente, hacer una exposición de algunos aspectos que considero decisivo dentro del tema. Los capítulos se han elaborados en donde los puntos correspondientes a cada uno de esos aspectos, de manera que el lector no se sorprenda por la fragmentación temática en apariencia que se presenta en este volumen. Al final de cada capitulo se presenta la bibliografía básica para orientar a quienes desean ampliar y profundizar sus conocimientos del tema.

Retornando al comentario, el motivo para escribir es una inquietud personal se inicio por una pregunta y una respuesta que se convierte en palabra escrita acerca de un tema educativo relacionado con la informática, la matemática y la representación gráfica. Sus implicaciones conceptuales, teóricas y epistemológicas. Como una manera de transmitir los saberes con la computadora en el aula con el programa de Autocad, utilizándolo adecuadamente las posibilidades didácticas. Ayudan al desarrollo de cualquier elemento geométrico, para realizar un dibujo en un menor tiempo de ejecución.

Se trabajar en 2D y 3D con facilidad, sin necesidad de conocimientos amplios de informática.

Conocer los diferentes medios, sus tecnologías y sus aplicaciones educativas, a través de la identificación de los elementos teóricos que justifiquen esta incorporación, para integrar su uso en forma pertinente en la práctica docente.

INTRODUCCIÓN

A pesar de que soy mayor,
sigo aprendiendo de mis discípulos.
Marco Tulio Cicerón

El aula esa pequeña realidad que existe en la escuela es el punto de encuentro entre el docente y el alumno. Este es el único espacio de "encuentro", "contacto" y "comunicación" que se integran en el proceso educativo y cada vez más complejo. Para crear un mejor contexto haciendo posible encontrar el camino del éxito y la huida del fracaso.

Con las innovaciones en la educación con el uso de la tecnología en el aula, hacen que el docente encuentre un abanico de posibilidades que van desde los recursos más simples hasta lo más sofisticados en computadoras.

Con la introducción de las TIC, su importancia incalculable tanto en el presente y futuro de la sociedad dentro del proceso educativo constituyendo un verdadero desafió para la educación secundaria (educación básica), al tener en cuenta que, cada día la informática avanza a pasos agigantados que amplia sus dimensiones en todas direcciones, extendiéndose con mayor fuerza en todas las ramas de la ciencia y la técnica.

El docente al poseer estás herramientas podrá tomar la decisión de seleccionar y utilizar la tecnología, que en muchas ocasiones lo hace de manera empírica como suele suceder basados en criterios y modas o en ofertas que presentan los fabricantes de equipos y costos software que lanzan año con año.

No obstante las limitaciones de recursos como consecuencias de la situación que atraviesa nuestro país no todos tenemos a disposición de esta tecnología, tenemos que ajustarlos al ámbito reducido de las instalaciones del plantel. No por ello se mantendrá estáticos, aprovechara al máximo estos recursos disponibles para nuestro caso se abordaran dos de ellas: en matemáticas y dibujo técnico.

Ambas disciplinas constituyen un elemento fundamental en el proceso formativo de los alumnos, permitiendo desarrollar su capacidad creativa al realizar modelos a partir de la información obtenida por ellos mismos o sugerida por el docente y con ello lograr un proceso metal y explote su creatividad en la solución de problemas.

Tanto las matemáticas como el dibujo tienen una gran incidencia en el desarrollo de la creatividad del alumno en los procesos conceptuales del pensamiento lógico, que le permita interpretar, elaborar y justificar el desarrollo de un proyecto hasta su conclusión.

CAPITULO I

LA INCORPORACIÓN DE LA COMPUTADORA EN LA EDUCACIÓN BASICA

No temo a las computadoras.
Lo que me aterra es no tenerlas.
Isaac Asimov

1. Antecedente del uso de las computadoras en la educación básica

Un antecedente importante de estás iniciativas fue el programa de computación electrónica en la educación básica mejor conocido como proyecto COEEBA. ("Proyecto en desarrollo," 1987). Es por ello que se lleva la enseñanza de la informática a nivel de educación básica en México, a través de este proyecto está dirigido a la introducción de esta tecnología en la enseñanza básica, tomando el siguiente modelo de aplicación:

Cuando se habla de la computación en la educación debe realizarse una diferenciación entre la forma de conceptualizar la interacción de estas dos. Así, podemos señalar que existe la modalidad de apoyo a la educación: la computadora como apoyo didáctico; y por otro lado, la modalidad de enseñanza de la computación: la computadora como herramienta de calculo.

En este sentido, la computación viene a ser, al mismo tiempo, un nuevo apoyo o soporte al proceso educativo, y una técnica; en ambos casos, enriquece la experiencia de la enseñanza y extiende sus campos de acción.

En la modalidad de apoyo didáctico se identificaron los modelos de apoyo didáctico en el aula y laboratorio. En la segunda vertiente se identifico el taller de informática.

Tenemos, pues, la siguiente clasificación en el modelo de aplicación del proyecto COEEBA-SEP:

1. La computación como apoyo didáctico.

    a. **Apoyo didáctico en el aula**. A través de los programas computacionales desarrollados para el uso en el aula mediante la computadora.
    b. **Laboratorio**. Para diseñar nuevos programas computacionales relacionados con las asignaturas de planes y programas de estudio.
    c. **Taller de informática**. Para impartir la enseñanza de lenguajes de programación.

2. La computadora como herramienta de cálculo.

Partir de este modelo podemos identificar que son muchos los cuestionamientos que surgen en relación al uso de la computadora en la educación básica: ¿para qué debe aprenderse?, ¿Qué debe aprenderse?, ¿Cómo debe enseñarse?, ¿Qué efectos producirá el uso de esta tecnología?

La información que se presenta enseguida es una reflexión sobre los aspectos que se consideraron en la puesta en marcha de la fase experimental del taller de informática para la educación básica del sistema educativo mexicano.

El eje rector del programa fue la elaboración de software para las materias vigentes en los planes de estudios para este nivel que se tomó como referencia.

COEEBA apuntó sus esfuerzos para integrar la computadora al ámbito escolar, tomando a la tecnología como fin y no como medio; poniendo a la máquina y sus recursos como centro del proceso educativo y no como una herramienta de soporte académico. De esta manera, reprodujo contextos educativos tradicionales y obsoletos dentro del aula.

Para 1994 al surgir el acuerdo para la modernización educativa que propone una descentralización de los servicios educativos se da por terminado el proyecto COEEBA-SEP. En ese mismo periodo, el ILCE se crea el programa la Red Escolar en coordinación con la SEP. El objetivo es integrar la computadora e Internet en el aula con soportes académicos, para el trabajo colaborativo, la construcción del conocimiento y el aprendizaje significativo. En una constante expansión desde 1997 que ha adoptado en varios países de América Latina.

Las tecnologías aplicadas a la educación adquieren mayor interés y aceptación cada día, representa ser instrumentos didácticos muy poderosos por las características que las distinguen, así como estratégicos en el sistema educativo. En el sistema educativo. El artículo 74 de la ley general de educación establece que: Los medios de educación masiva contribuirán a logro de las finalidades de la educación fomentando actitudes que estimulen la investigación, la innovación científica y tecnológica.

Estas tecnologías representan por la televisión satelital digitalizada y la informática educativa, las redes computacionales y las bases de datos, la tecnología multimedia y las formas de inactividad que hoy son posibles, tienen ya un profundo impacto en los métodos de enseñanza-aprendizaje.

a) ¿Cómo se usan las computadoras en la escuela?

En la escuela se sigue pensando que las computadoras están en las escuelas para que los alumnos aprendan a utilizar la computadora desde la primaria en los últimos tres grados con una concepción muy simplista de: prender y apagar una computadora, las funciones básicas del Office (Word, Excel y Power point), y la historia de las computadoras.

Estos conceptos se repiten nuevamente al ingresar en secundaria, además de mencionas temas muy teóricos, el reglamento interno, la disciplina dentro del aula. Cada una de ellas los alumnos lo escriben en su cuaderno de notas, dando la impresión que no están en una clase de computación sino de escritura en la asignatura de español. Casos similares para el segundo y tercer grado. Limitándose a utilizar las herramientas básicas de Office o enfocándose en una. Como en el caso de la barra de dibujo de Word para Documentos, cartas, avisos. Para dibujar pequeños planos eléctricos, arquitectónicos, mecánicos y geométricos. Durante el proceso los alumnos operan sus herramientas y desarrollando su mente para interpretar y organizar. De esta manera los alumnos y las computadoras operan como herramientas de la mente para interpretar y organizar su conocimiento personal.

Para la hoja de cálculo Excel para asignatura de Administración Contable que desarrollan las siguientes actividades: Nomina, Inventario, Facturación y cuentas por cobrar.

Por ultimo Power point, elaboran diapositivas para presentaciones en exposiciones tanto de docentes como de alumnos, con efectos de sonido o con música de fondo.

La computadora se ha convertido en una herramienta indispensable para la mayoría de las personas. Existe un sin numero de programas ya creados para facilitar el trabajo en cualquier área. Como consecuencia, un cambio drástico en la forma de utilizar las computadoras en las escuelas. Para convertirse en una valiosa herramienta de ayudar a todas las materias. En otras palabras, se incorporan a la enseñanza.

Una manera de utilizarlas con programas acordes al área del conocimiento. La programación ya no es necesaria (en su momento un buen método para desarrollar habilidades de abstracción y razonamiento), que no esta por demás que conozcan los leguajes de programación y sus aplicaciones de manera demostrativa. Una vez concluido su educación básica los egresados se dedicaran en un futuro a cursos de especialización en: robótica, mecatrónica, carreras técnicas o a nivel licenciatura.

Lo importante de tener computadoras en el aula, es un valioso recurso para los docentes y alumnos en la difícil tarea de enseñar, motivar y aprender.

2. Importancia de la computadora en el aula

Las computadoras en el aula en el proceso de enseñanza-aprendizaje. Los jóvenes del mundo actual han nacido dentro de un ambiente tecnológico. Para un alumno puede resultar más motivante interactuar con un programa multimedia o con un juego de video, que con el docente o con sus propios compañeros.

Para evitar darle el uso no académico se debe delimitar su uso, manteniéndola como el medio a través del cual se concrete en los aprendizajes.

Menciona Ogalde *"Cuando un estudiante lee los mensajes en el monitor, está recibiendo instrucción similar a la que da un libro; si observa gráficas o imágenes, sus efectos son similares a los materiales que hemos denominado de imagen fija y/o gráficas; si escucha un mensaje sonoro, será semejante a los materiales que incluyen grabaciones.*

Por otra parte, la computadora, como ningún otro material didáctico, integra las actividades de estimulación, respuesta y retroalimentación, particularmente si se hace uso de las herramientas de comunicación de Internet o red local. Las actividades de estimulación corresponden a las presentadas en pantalla: texto de información, imágenes y mensajes auditivos. Las actividades de respuesta se dan, por ejemplo, escribiendo respuestas a un cuestionario por medio del teclado y enviándolas a un servidor que genera retroalimentación. Esto resulta apropiado tanto para el aprendizaje de la información verbal como para el desarrollo de habilidades intelectuales donde las respuestas puedan limitarse a símbolos y caracteres. Las actividades de retroalimentación constituyen indudablemente la mayor riqueza de la computadora en el proceso de instrucción, porque las respuestas dadas por el estudiante pueden evaluarse como correctas, incorrectas o incompletas y la computadora puede programarse para responder al estudiante de forma que ajuste a la respuesta dad por él.

La computadora, además, almacena un registro completo de cada estudiante y actualiza información con cada nueva respuesta; revisa los registros para evaluar el avance del estudiante y determina si existe alguna dificultad específica. Si un alumno avanza muy rápido, puede enviarlo a una ramificación para que profundice o enriquezca su aprendizaje sobre el tema en cuestión. Si un estudiante presenta dificultades, puede enviarlo a otras ramas con el fin de que revise materiales anteriores, o bien, a una ramificación que contenga una secuencia de solución especial. Actualmente es posible elaborar programas educativos que se adapten a las necesidades específicas de un estudiante, a través de los llamados "agentes inteligentes".

Un programa de computación (software) educativo es un conjunto de instrucciones, información y actividades estructuradas de tal manera que el estudiante, al seguir la secuencia establecida, logre alcanzar resultados de aprendizaje previamente determinados" (Ogalde 2008, pp. 80-81).

El docente debe asegurarse de mantener el equilibrio y fomentar el desarrollo emocional y social de sus alumnos a través de las relaciones interpersonales e intrapersonales, permitiendo a la vez el uso adecuado para desarrollar las capacidades y la creatividad, con la utilización de la computadora como una herramienta utilizada en trabajo cooperativo, ya sea en parejas o pequeños grupos, a lo largo del proceso de aprendizaje.

Alonso Gallegos (citado Fernández Muñoz, 2007) menciona "que en la actualidad deben desempeñar alrededor de quince funciones básicas que son interesantes sus propuestas para su formación y perfeccionamiento en el desempeño docente con los alumnos". Se mencionan los más relevantes que son siguientes:

- 📖 Favorecer el aprendizaje de los alumnos como principal objetivo
- 📖 Estar predispuestos a la innovación
- 📖 Utilizar los recursos psicológicos del aprendizaje

📖 Poseer una actitud positiva ante la integración de nuevos medios tecnológicos en el proceso de enseñanza–aprendizaje

📖 Integrar los medios tecnológicos como un elemento mas del diseño curricular

📖 Diseñar y producir medios tecnológicos

Esto nos hace reflexionar están consientes los docente para el cambio de los tiempos en los alumnos que recibimos año con año cargados de inquietudes de una diversidad de intereses y en muchas ocasiones con mas conocimiento en el uso de la computadora o el Internet que el propio docente. ¿Qué tan abierto se encuentra para recibir este cambio continuo de los tiempos? ¿Será capaz de aceptarlos o rechazarlos?,. Dé ser así, el docente, es importante el uso del material de apoyo que presenta la secuencia y organización de contenidos programáticos que se deben estudiar a lo largo del curso, hasta su conclusión.

Como docente con preparación y experiencia, ha aprendido que no hay un método que funcione para todos. Aunque la formación teórica y práctica del académico sea fundamentalmente en el constructivismo enfocado a las competencias, la continúa capacitación en diversos enfoques y disciplinas relacionadas con la docencia, lo puede llegar a convertirse en un convencido ecléctico. La razón principal para ésta evolución es lo complicado que resulta el proceso de aprendizaje de las diferentes asignaturas que esta integrado el mapa curricular de la educación básica.

Menciona Marland (2003) *"cuanto más considere la educación y la enseñanza en la practica, más se estudie la investigación y la observación y más contemplen los problemas reales de ayudar al joven que aprende, en mayor al grado deduciremos forzosamente la sencilla conclusión de que los profesores individuales constituyen el factor más importante.*

No es la organización escolar, ni el programa, ni el método de enseñanza, excepto en la medida en que sirve de ayuda o son un obstáculo para el profesor individual" (p.15).

El docente es el protagonista de la transformación educativa, más que un transmisor de conocimientos es un guía, que fomenta la curiosidad intelectual y es un ejemplo de superación personal.

Mesenciona Marland (2003) *"Cualquiera que sea su materia o el método didáctico que adopte, el profesor es, esencialmente, un trabajador de grupo. Existe un < <arte> > para dirigir el grupo en un aula de escuela secundaria que es vital para los alumnos. Cada profesor debe ser eficiente en este aspecto. Y es estimulante saber que esta habilidad puede ser aprendida, practicada y perfeccionada. No es simplemente < <natural> > y, cuando se ha adquirido, el profesor y sus alumnos disfrutaran más el tiempo en que estén juntos en la escuela"* (p.15).

La interacción grupal, las habilidades que desarrollan en el aula la generación de aprendizajes y lo más importante la actitud de docente como mediador del aprendizaje sea significativo.

Como lo menciona Escolano Benito (citado Fernández Muñoz, 2007) al definir al docente en la actualidad, lo hace entorno a tres papeles básicos:

El Primero guía (andamiaje) en el aprendizaje de los alumnos, así como su desempeño como docente relacionada con la tutoría, la gestión didáctica y la innovación. Además de ser un ingeniero de la instrucción.

El segundo los aspectos éticos y socializadores del docente, actitudes y otras pautas de conducta que exhibe o vincula, constituyen un marco de referencia normativa para los alumnos en su formación.

El tercero vincular las necesidades de autorrealización de los estudiantes en su formación los conocimientos previos desarrollando sus habilidades, y como enfatizar el papel del docente en su proceso de aprendizaje.

3. El docente y la computadora

Una de las labores de la docencia es realizarse una autoevaluación de su propia práctica, reflexionando sus intervenciones como docente en favor de sus alumnos a "aprender a aprender" en una sociedad cambiante y en constante evolución.

Menciona Marabotto (1996):

> *"Son tareas cruciales para el docente interesado en mejorar su tarea: conocer a fondo las estrategias cognitivas que el tratamiento eficaz de la información requiere y ayudar a los alumnos a reflexionar acerca de cómo mejorar su propio trabajo no sólo con el conocimiento mismo, sino con las tecnologías disponibles en cada momento para adquirirlo y consolidarlo"* (p. 53).

Conocedor de su materia, pero además de ser un experto gestor de información sobre la misma, un buen administrador de los medios a su alcance, orientador dinámico en el aprendizaje de sus alumnos. En una sociedad por una infinidad de información por los medios de comunicación y con la creciente renovación de las tecnologías que día a día sale al mercado un nuevo equipo que supera al modelo anterior. Con todos estos cambios, continua su desempeño en la formación de las futuras generaciones.

Una de las necesidades más inmediatas que debieran contemplarse para la integración de la computadora en los procesos de enseñanza-aprendizaje. En el Planificar, seleccionar el material a utilizar con un enfoque didáctico.

Así como, una secuencia ordenada en el tiempo como procesador de información para ayudar en el aprendizaje y evaluar el avance del alumno.

La incorporación de la computadora aplicada a la educación. En el desarrollo profesional de su labor dentro del aula, como consecuencia el realizar cambios ante la innovación tecnológica como:

- Utilizar los recursos psicológicos del aprendizaje.
- Estar dispuestos a la innovación.

- Poseer una actitud positiva ante la integración de nuevos medios tecnológicos en el proceso de enseñanza aprendizaje.
- Aprovechar los medios para favorecer la obtención de información.
- Valorar la tecnología de la información y comunicación (TIC)
- Seleccionar y evaluar los recursos tecnológicos.

El uso de las TIC, en los alumnos que le permitan: localizar, elegir, valorar la información obtenida. Generando un ambiente que acerque a ambos al conocimiento significativo y con interés.

Menciona Hernández (2011), "Las aplicaciones de las computadoras a la educación pueden dividirse en las siguientes clasificaciones generales:

- ✓ Educación Asistida por Computadora. (Computer Assisted instruction (CAI)) -Utilizan la computadora para presentar lecciones completas a los alumnos. En el mercado existen muchos ejemplos de programas o CD para enseñar algún tema en particular, en el que todo el material necesario está contenido en el programa.
- ✓ Educación Administrada por Computadora (Computer Managed Instruction (CMI)) - Utilizan las computadoras para organizar las tareas y los materiales y para mantener registro de los avances de los estudiantes. Los materiales de estudios no son enviados necesariamente por la computadora.
- ✓ Educación con Multimedia a través de Computadora. (Computer Based Multimedia (CBM)) - Es un importante medio, aún en desarrollo, de sofisticadas y flexibles herramientas de computadoras que tienen como objetivo integrar voz, sonido, video, animaciones, interacción y otras tecnologías computacionales en sistemas integrados y fácilmente utilizables y distribuibles.
- ✓ Educación mediada por Computadoras. (Computer-mediated education (CME)) – Se refiere a las aplicaciones de las computadoras que permiten el envío de materiales de aprendizaje. Incluye el correo electrónico,

grupos de noticias, foros de discusión, Internet, WWW, páginas web. Es el medio con el más grande e importante crecimiento de los últimos tiempos y en este medio están basadas muchas de las potencialidades futuras de la Educación a Distancia.

Los avances en las TIC proveen a los educadores oportunidades únicas para darle forma a la educación del futuro. Utilizada inteligentemente, el equipo de cómputo nos lleva a los cambios en la educación, la forma en que enseñamos y aprendemos - en todos los niveles: educación básica, nivel medio superior o bachillerato, la licenciatura y posgrado". (p. 6)

4. El espacio pedagógico

Por: Gloria María Gómez Ramiro

El aula constituye un complejo álbum de imágenes y metáforas donde se suceden múltiples interacciones que conforman un entorno de aprendizaje. Existen dos consecuencias importantes sobre el análisis y conocimiento de la actividad educativa desarrollada en las aulas:

✓ La primera es un importante desconocimiento de las relaciones educativas en su interior. Los estudios que nos informan respecto de lo que sucede en las aulas, del tipo de fenómenos que registran y de sus efectos sobre los individuos que intercambian informaciones, afectividad, significados culturales y modelos tienen una penetración muy lenta en la vigente cultura docente.

✓ La segunda es el papel predominante que ha tenido el punto de vista del profesor en las representaciones clásicas del aula. Se ha sobrevalorado tanto la importancia de la actuación de los profesores, como se ha infravalorado el punto de vista del alumno, de sus conductas y perspectivas, individuales o colectivas, o el papel de diversos aspectos contextuales como la cultura de equipo docente, la gestión de los parámetros tiempo y espacio en los procesos de enseñanza, o las interacciones sociales en el seno del grupo.

a) Concepto de clase

1. El primero hace referencia al espacio físico, al aula como continente de unas relaciones de enseñanza y aprendizaje.
2. Un segundo significado de clase nos remite al del grupo humano que engloba, lo que está más próximo al lenguaje de los profesores.
3. Un tercer significado nos remite al aula como un ambiente de aprendizaje.

El aula es percibida como un sistema dinámico que se va modificando gracias a los intercambios de conductas, afectividad, valores y significados generados a partir del tipo de actividades propuesto.

Un entorno social siempre es un entorno afectivo, que comunica a cada uno de sus componentes señales relativas a su propia imagen, a su grado de seguridad, un entorno que facilita o dificulta el desarrollo de intereses y normas de referencia desde las cuales regular las propias conductas.

b) Los recursos didácticos en la educación

Sin duda, todos compartimos la misma opinión sobre la importancia que tienen los recursos materiales en el ámbito educativo. Dichos materiales son imprescindibles tanto para el maestro como para el alumno. Pero, ¿qué son realmente los recursos materiales?.

Los materiales curriculares son soportes didácticos que facilitan el proceso de enseñanza y aprendizaje (libros de texto, libros de consulta, biblioteca de aula, archivos, medios audiovisuales, software educativo, etc.). Estos soportes son mediadores entre el maestro y el alumno; son, ante todo, medios, no sustituyen para nada al maestro sino que le ayudan a transmitir al alumno sus conocimientos y aquellos contenidos que le interesan de una forma más amena, lúdica, interesante y en muchas ocasiones más fácilmente.

Lo que está claro es que una abundancia de materiales no garantiza una buena calidad en educación. Si el maestro no sabe cuándo y cómo emplearlos y no les transmite a los alumnos el positivo carácter lúdico que estos materiales pueden darle al proceso de enseñanza-aprendizaje, no les servirán para nada, ni a uno ni a los otros.

Los recursos didácticos son muy utilizados, tanto como nombrados, pues podemos oir hablar de recursos didácticos, materiales didácticos, medios técnicos, medios tecnológicos, ayudas didácticas y tras la reforma educativa, también materiales curriculares.

También hay que tener en cuenta que el maestro puede llegar al aula y encontrarse con un presupuesto para adquirir material didáctico o recursos didácticos para trabajar con ellos, ante esto, ¿qué criterios seguir para seleccionar dichos materiales y estar seguros de que realizamos una buena elección?.

Hay muchos criterios específicos dependiendo de si se trata de un material audiovisual, etc. pero también existen criterios generales que nos pueden ayudar a seleccionar cualquier tipo de material didáctico. Estos criterios son:

- ✓ Que el material sea, para nosotros, el más adecuado para conseguir los objetivos que nos hayamos propuesto en cada unidad didáctica.
- ✓ Que favorezca en el alumno el pleno desarrollo de las capacidades cognitivas, psicomotrices y afectivas.
- ✓ Que se adapte a la edad y a los diferentes ritmos de aprendizaje de los niños.
- ✓ Que sea atractivo, motivacional y que podamos utilizarlo para trabajar contenidos de varias áreas.
- ✓ Que sea un material que desarrolle los sentidos pues requiera de su manipulación.
- ✓ Debemos considerar siempre la relación calidad- precio - utilidad didáctica así como que realmente sea adecuado para los utilitarios (alumnos), es decir, que no sea un material tóxico, etc.

✓ Que sea de fácil manejo y permita realizar con él el mayor número posible de construcciones significativas.

c) ¿Son importantes las técnicas de estudio?

Mejorar habilidades y destrezas, así como fomentar buenos hábitos en los estudiantes, son objetivos que favorecen el proceso de enseñanza - aprendizaje y contribuyen a aumentar la calidad de la enseñanza, un deseo de todos los implicados en esta tarea.

Conseguir buenos hábitos capacita para, actuar bien y con rapidez, permite trabajar de manera sistemática y organizada y ayuda a tener éxito a medio y largo plazo en la tarea educativa. En la medida en que desde el principio se favorezcan estos hábitos será más fácil conseguir los objetivos.

Orientar a nuestros alumnos para que encuentren *"su estilo personal de estudio"*, proporcionándoles un método, facilita su aprendizaje ahora y les capacita para aprendizajes posteriores, permitiéndoles una mejor adaptación al medio.

Las *técnicas de estudio*, son el conjunto de normas, procedimientos y recursos de que nos servimos para aprender del modo más eficaz y científico posible.

Estas técnicas abarcan desde la fijación de metas, actitud y motivación, pasando por todos los factores ambientales y materiales, y de modo especial todas las estrategias que favorecen la comprensión, asimilación y fijación mental de los aprendizajes y su evocación, sin olvidar su expresión oral y escrita. Es decir, todo lo que pueda favorecer el rendimiento en el estudio, hacer más agradable la tarea, estará dentro de los que denomino *técnicas de estudio en sentido amplio*.

En los primeros niveles escolares de Primaria, la enseñanza es individualizada o basta la explicación del profesor para que los alumnos aprendan sin necesidad de añadir estudio personal, no suelen aparecer excesivas dificultades en el aprendizaje. Pero a medida que se avanza hacia niveles más altos, las dificultades con que se encuentran los alumnos son muchas; entre ellas:

📖 Les cuesta mucho esfuerzo concentrarse en el estudio personal
📖 Se aburren estudiando.

📖 Les falta tiempo para estudiar y realizar las actividades que mandan los profesores.

📖 Encuentran dificultades de comprensión de los textos a estudiar.

📖 Estudian de modo pasivo y olvidan fácilmente.

d) Las personas suelen aprender mejor

Cuando algo les motiva, les interesa o atrae.

Cuando se enfrentan a situaciones nuevas o problemas cotidianos que necesitan resolver.

Entre los estudiantes de Educación Primaria a partir del tercer ciclo, es decir a partir de los 10 años crecen los niveles de desmotivación. El objeto de la aplicación de unas actividades extraescolares sobre técnicas de estudio a partir de esta etapa, será converger la obligación, con la profesión de estudiar y la afición, para conseguir crear un hábito adecuado de estudio.

e) Cómo enseñar a ser un buen estudiante.

Una de las características que se pretenden conseguir con el desarrollo de las técnicas de estudio es conseguir alumnos que sean buenos estudiantes, basta tener en cuenta dos premisas:

a) Características del estudiante ideal.

b) Qué hacer, cómo actuar para conseguir esas características y conductas.

Los escolares intentan asimilar lo que sus profesores les dicen que deben aprender. Pero no siempre llegan a conocer los motivos, la finalidad o utilidad de esos aprendizajes, y no cabe duda que el que aprende es el *alumno*; nadie puede sustituirle en el aprendizaje; por lo que se le debe informar de:

1. Lo que se pretende, **el objetivo**.

2. La finalidad de lograrlo, el para qué o porqué.

3. Cómo conseguirlo, estrategias a seguir.

El estudiante ideal es el que en mayor grado domina las siguientes conductas:

- ✓ Habla favorablemente de las asignaturas y actividades escolares en general.
- ✓ Llega a clase con ilusión y dispuesto a escuchar al profesor y a trabajar.
- ✓ Comenta positivamente sobre los profesores y cómo enseñan.
- ✓ Estudia y realiza los ejercicios con interés.
- ✓ Valora positivamente su colegio y habla bien de él.
- ✓ Lucha para vencer los obstáculos que se encuentra en relación con el aprendizaje.
- ✓ Colabora eficazmente en los trabajos en equipo.

Serán los propios alumnos, con la colaboración estratégica del profesor, mediante sugerencias y reflexiones, quienes descubrirán una a una las cualidades o conductas del buen estudiante.

Cada vez somos más quienes consideramos las técnicas de estudio como un medio de prevención y tratamiento del fracaso escolar. Coincido con quienes sostienen que un estudiante de inteligencia media, adecuadamente entrenado en técnicas de estudio, puede obtener resultados equivalentes a otro de inteligencia superior que desconoce las técnicas.

El dominio de las técnicas de estudio permite a los estudiantes mejorar de manera significativa sus resultados académicos, con independencia del nivel escolar en que se encuentren y de su capacidad intelectual. Para que las técnicas de estudio sean eficaces han de estar estrechamente relacionada o adaptadas a la edad de los alumnos, a su preparación académica y su desarrollo intelectual.

f) Técnicas de estudio como medio de desarrollo de la inteligencia.

La inteligencia es una capacidad poco conocida, poco trabajada, estimulada unidireccionalmente tanto en el ámbito familiar y la institución escolar, como desde las metodologías específicas utilizadas al efecto.

Por razones de eficacia profesional, por los perjuicios que pueden inferir en el estudiante y porque además de injusto es falso, habría que evitar asumiesen que los bajos resultados académicos o falta de progreso en los mismos son el resultado de su capacidad intelectual.

Está demostrado experimentalmente, que las *técnicas de estudio* nos permiten condicionar una serie de factores, capacidades o aptitudes que desarrollan y potencian lo que entendemos por inteligencia.

La inteligencia abarca aspectos, tales como las capacidades para entender, para recordar, para discriminar, para establecer relaciones y generalizar, para crear, para analizar y sintetizar, para prever consecuencias. Pues bien, estos y otros factores que abarca la inteligencia están condicionados por:

- El nivel de hábitos de estudio;
- El nivel de autoestima;
- El grado de motivación del alumno por el aprendizaje;
- Estado de salud, alimentación, sueño, etc.;
- Actitud de la familia hacia la cultura, la institución escolar, los profesores y los aprendizajes;
- Actitud del alumno hacia los profesores y el aprendizaje en general.

g) Porqué y para qué enseñar a estudiar y aprender.

Resulta frecuente que los alumnos, al carecer del conocimiento de estrategias y técnicas de estudio, actúen por el procedimiento de ensayo y el error hasta lograr descubrir las que estiman les facilita mejor su trabajo de estudiantes.

El estudiante de Primaria trata de aprender, necesita aprender, y ante las dificultades con que se tropieza, recurre a probar cuantas estrategias encuentra a su alcance. Esas conductas o modos de estudiar que les parecen más útiles, a veces erróneamente, se van repitiendo de manera intencionada hasta formar hábito y generalizarse a todas las situaciones semejantes de aprendizaje.

h) Tres son los peligros de este modo de proceder:

- 📖 Que los alumnos a los que no se les enseñan técnicas de estudio, llegarán a descubrir algunas estrategias de aprendizaje, pero nunca las técnicas propiamente dichas.
- 📖 Que cuando lleguen a descubrir algunas estrategias de aprendizaje para subsistir como estudiantes, quizá sea demasiado tarde, y la impotencia y la frustración haga presa de ellos.
- 📖 Habrán perdido un largo tiempo, un esfuerzo hermoso y unas inmensas posibilidades de aprendizaje respecto al pasado.

i) Enseñar a estudiar ofrecerles los medios para:

1. Estudiar más rápidamente y economizar tiempo
2. Comprender mejor las ideas de un texto, descubrir la relación entre ellas y saber utilizarlas.
3. Poder aprender mayor número de cosas y con más profundidad.
4. Adquirir una mayor preparación cultural e intelectual.
5. Potenciar el autoaprendizaje.
6. De lo expuesto se deriva que los profesores no pueden enfocar su trabajo docente en función de instruir, sino de ayudar a aprender.

j) Cuándo y cómo enseñar a estudiar y aprender

Una tarea trascendental como *aprender a aprender*, las técnicas de estudio, tiene que formar parte inseparable de los aprendizajes académicos en general y no puede quedar supeditada a la exclusiva iniciativa y tiempo disponible del tutor reforzadas estas con actividades extraescolares donde se profundicen en las técnicas. El lugar idóneo para su enseñanza – aprendizaje es la escuela, y el momento será todo el tiempo que se dedique a aprender. En definitiva consiste en unir teoría y práctica.

k) Objetivos de las técnicas de estudio

Todo estudiante a la hora de comenzar el estudio ha de vencer una serie de factores, entre ellos los ambientales, que suponen un gran esfuerzo y que desde la posición de padres, se puede ayudar a superarlo.

Los factores ambientales en principio parecen poco importantes, pero son muchas las investigaciones que demuestran lo contrario, de ahí nace la necesidad de mejorarlos y algunas de las sugerencias dirigidas a los padres y para conseguirlo son:

- ✓ Intentar, en la medida de lo posible, que los niños tengan un lugar de estudio tranquilo, acogedor y confortable.
- ✓ Procurar no interrumpirle mientras estudia, para evitarles distracciones que le desconcentren.
- ✓ El ambiente de estudio se consigue mejor si la casa está en silencio, sin ruidos, sin radio ni TV. Por ello sería conveniente el máximo silencio.
- ✓ Animarles, conceder importancia al trabajo de estudiar, no sólo es trabajo aquel por el que se recibe un salario, el estudio es el trabajo del estudiante, alabando su esfuerzo, su interés (aunque los resultados académicos no sean excelentes), se consigue que sean más felices y se sientan más satisfechos de su trabajo.

l) Objetivos dirigidos a los profesores

Todos conocemos los esfuerzos de los alumnos por destacar, por llamar la atención del profesor, sobre todo durante la educación primaria, el que no lo consigue favorablemente, es decir siendo un alumno *"modelo"*, lo intenta siendo de los más revoltosos, suspendiendo o llevando un comportamiento irregular. Este comportamiento varía en la medida en que el niño crece y madura. Pero esta madurez no llega forzosamente antes de realizar el paso a las E.E.M.M, observándose pautas de comportamiento similares, sobre todo en los primeros cursos.

Durante este período, en el cual el profesor ocupa un papel muy importante en la vida del alumno, sería el momento para convencerles de la necesidad que tienen de "***aprender a aprender***".

Introducir un seminario de *técnicas de estudio*, como una actividad extraescolar es un objetivo a perseguir que debe estar asesorado en gran parte por el profesorado del centro.

El profesor debe introducir en su curriculum diario las formas de hacer técnica de estudio. Ayudadles a "aprender", no todos saben hacerlo, aunque no lo reconozcan delante de sus compañeros.

Obligadles a subrayar, a subrayar, a hacer esquemas, una vez adquirido el hábito sobrará la obligatoriedad, pero al principio es necesaria.

m) Objetivos dirigidos a los alumnos

Objetivos generales

✓ Fijación de metas
✓ Actitud y
✓ Motivación

Objetivos específicos

✓ Factores ambientales y
✓ Materiales, y
✓ Estrategias que favorecen la comprensión, asimilación y fijación mental de los aprendizajes y su evocación, sin olvidar su expresión oral y escrita. Es decir, todo lo que pueda favorecer el rendimiento en el estudio, hacer más agradable la tarea.

Si quieres participar con nosotros hablando sobre este tema o cualquiera que te interese puedes hacerlo a través de nuestro E-mail:

Gloria María Gómez Ramiro Pedagoga educnet@planalfa.es

5. La importancia de la computadora

Por: Devon Macray

La computadora en el siglo XXI se ha vuelto transcendental en la vida personal y profesional de todas las personas, desde los trabajos más simples como los que se dejan en la escuela hasta diferentes formas en las que se utilizan las computadoras como medio para realizar dichos trabajos de más alta complejidad y gracias a estos equipos se logra disminuir enormemente el trabajo de los profesionales. La importancia de la computadora en la educación como medio para aumentar la excelencia del trabajo y disminuir el costo de estos. La historia de la computadora desde sus inicios en los años 1951 en pleno desarrollo de la Segunda guerra Mundial

a) ¿Que es una computadora?

En Importancia de la computadora, Devon Macray (2010) indica que: "Una computadora es un sistema electrónico que ejecuta las instrucciones en un programa (aplicación).(...) Una computadora u ordenador es un dispositivo electrónico compuesto principalmente de un procesador, una memoria y los dispositivos de entrada/salida (E/S). Por otro lado se dice que una computadora es un sistema digital con tecnología microelectrónica capaz de procesar la información a partir de un grupo de instrucciones denominado (programa)".

Devon Macray (2010). Menciona las principales funciones que tiene la computadora:

1. Acepta información: A través de algún medio en donde ingresar datos, por ejemplo: scanner, teclado, mouse, etc.
2. Procesa Datos: En algún programa o aplicación.
3. Produce una salida: En algún medio de salida de datos, por ejemplo: impresora, pantalla, etc.
4. Almacena resultados: En alguna unidad especializada para ello, ejemplo: disco duro, CD-ROM, etc.

Estas cuatro funciones comunes a todo sistema, hacen que esta máquina facilite la vida a tal modo que muchas de la funciones que antes eran casi imposibles y hasta aburridas ahora son sencillas ¿cómo cuales? La computadora además de las miles de formas en las que se pueden presentar, desde portátiles, de escritorio y hasta los nuevos celulares que son como computadoras pequeñas poseen muchos objetivos específicos además de los ya vistos anteriormente.

b) Evolución de la Computadora.

La historia de la computadora empieza 5 000 años A.C. con el Abaco el cual se cree que Surgió en Asia Menor, se utiliza actualmente y se utilizó originalmente por mercaderes para llevar a cabo transacciones y contar los días. Le siguió la Calculadora de Pascal (1642), Blaise Pascal fue el inventor de esta máquina de sumar para ayudar a su padre a calcular impuestos. Luego siguieron otros artefactos que fueron dando comienzo a la computadora actual entre los cuales los más destacables son: Máquina de multiplicar de Leibniz (1694), Máquina diferencial de Babbage (1822), solo efectuaba sumas y restas, el inventor fue Charles Babbage y el propósito especifico eran tablas de navegación, Máquina analítica de Charles Babbage (1834), primer computador digital de la historia, establece la estructura del computador moderno, no llegó a ser operativa por problemas tecnológicos, Máquina Z1de Konrad Zuse (1930), Mark I Howard Aiken (1944), IAS (1946 y completada en 1952), IBM 701, 704, 709 (1953), Invención del transistor(1956), IBM 7090 y 7094 (1962), Motorola 6800 (1975), Apple (1976) y Apple II (1977), Intel 8086/8088 (1978). La historia de las computadoras se encuentran clasificas por generaciones las cuales son:

- ➢ Generación Cero (1642-1945)
- ➢ Primera Generación: Los tubos de Vacío (1945-1955)
- ➢ Segunda Generación: Los Transistores (1955-1965)
- ➢ Tercera Generación: Los Circuitos Integrados (1965-1970)
- ➢ Cuarta Generación: Los Circuitos Integrados LSI (1970-?)

c) Uso de la computadora en la sociedad actual

El mundo actual está inmerso una nueva revolución tecnológica basada en la informática y todas sus divisiones, su principal impulso se encuentra en mejorar las facilidades de las personas en el manejo de estas maquinas y con ellas la población obtenga un beneficio enorme en el campo profesional así como personal, gracias a la gran mejoría en estos aspectos los trabajos son cada vez más simples y con más oportunidades de realizarse de la mejor manera.

Cuando se menciona el uso de las computadoras en la educación es inevitable discutir sobre todas sus ventajas que ofrece, pero detrás de todo esto se encuentran argumentaciones psicológicas, es decir, también hay emociones que se podrían encontrar en las personas que utilizan gran cantidad de tiempo diario en la computadora haciendo actividades sociales como ejemplo algunas redes sociales (Facebook, Hi5, entre otros), algunos otras personas utilizan gran parte de su tiempo en juegos de computadoras y otras actividades que utilizan gran cantidad de tiempo libre.

A mediados de la década del 1970 las computadoras eran usadas por pocas personas, pero ya en la actualidad han tenido un mayor impacto en la sociedad que cualquier otro invento, algunos ejemplos del uso de la computadora en la sociedad:

En el campo del comercio brinda apoyo en lo que trata en diseño de publicidad entre otros, en más facilidades a los usuarios, en mejora de organización sobre productos y más, y en la manufacturación de los productos.

En otros apartamentos como el de ventas y mercadeo es fundamental para la producción del material dado que en la computadora se hace la mayoría del trabajo en lo que al manejo se refiere además que permite al usuario mayores facilidades de créditos además de ser más seguros al igual que la utilización de otros métodos de pagos como los son las tarjetas de créditos, débitos y otros.

En la educación la computadora es un medio que fortalece e incrementa y mejora el proceso de enseñanza además que brinda a los estudiantes mejores posibilidades de empleos que requieran algún manejo de equipos tecnológicos como la computadora u otros artefactos industriales que se relacionen con la computadora. Al igual que estas ventajas existen otras de las cuales se pueden mencionar que la computadora con la informática además de ser otra asignatura más, que se imparte en los centro educativos debería de tomarse como una herramienta que puede ser utilizada en todas las materias, por todos los profesores al igual que como método de comunicación eficaz entre alumnos con alumnos o alumnos y profesores así como se utiliza en algunos centros de educación superior refiriéndose principalmente a algunas universidades.

En el campo científico la computadora juega uno de los papelas mas importantes en las labores ya que en la mayoría de los campos que estudien los científicos, la computadora en transcendental para las investigaciones, descubrimientos, inventos entre otras situaciones en la que se utilizan que son de gran importancia para la sociedad como ejemplo los estudios del clima, las mareas, impactos en el medio ambiente de diferentes contaminaciones entre otros.

Actualmente, la computadora está presente en la mayoría de las actividades que realizamos desde que nos levantamos con un despertador hasta cuando dormimos con música para relajarnos, esto debido a que para el desarrollo de muchos objetos se necesita la computadora en estos tiempos, por esta razón existe una rama de la ingeniería que estudia toda su conceptualización.

d) La informática

La informática es la disciplina que estudia el tratamiento automático de la información utilizando dispositivos electrónicos y sistemas computacionales. También es definida como el procesamiento de información en forma automática. Es la actividad relacionada con el uso de computadoras. Este término viene del francés y su equivalente en lengua inglesa es tecnología de la información que es la conjunción de computadoras, Telecomunicaciones y microprocesadores.

"Es una rama de la ingeniería que estudia el tratamiento de la información mediante el uso de máquinas automáticas." (Benedito, 1994 p. 45). "Es una disciplina que estudia la automatización de la información para poderla aplicar a software y hardware facilitando así la vida diaria de las personas."(Chandrox, 2009 p.12)

e) El uso de la computadora en la educación

Actualmente, las nuevas tecnologías han cambiado la forma de difundir el conocimiento y ha mejorado la comunicación. Si antes el estudiante a distancia se sentía abandonado a su suerte con los cursos por correspondencia, ahora con sólo teclear una tecla de una computadora, puede en segundos ponerse en contacto con su maestro, asesor, tutor o amigo, aunque éste se encuentre en cualquier parte del mundo con solamente tener conexión a la red y recibir una respuesta inmediata de él.

f) Ventajas de las computadoras en el campo de la educación

Facilitan el aprendizaje personalizado lo cual se refiere a que el alumno puede desarrollar su aprendizaje a su propio ritmo.

Con herramientas multimedia las computadoras tienen la capacidad de integrar gráficos, impresiones, audio, voz, video, y animaciones que pueden ser muy efectivos a la educación si son implementados de la forma correcta.

Tienen rápido avance tecnológico es decir que las innovaciones tecnológicas están constantemente surgiendo en el mundo de la tecnología de las computadoras y las telecomunicaciones eliminando la brecha que existía, en lo que se refiere a la capacidad de los individuos que tenían de hacer un trabajo ahora ya cada vez más personas tienen a su alcance la posibilidad incrementar sus actitudes y utilizarlas para la vida.

Reducen sus precios, constantemente el desarrollo permanente de nuevas tecnologías hace posible que en poco tiempo bajen los precios de los productos tecnológicos haciéndolos mas accesibles apara la mayoría de la población en especial la estudiantil.

Existe una gran competencia tanto en la producción de las computadoras, como en el desarrollo de las aplicaciones en que se utilizan, existe una gran competencia mundial que favorece al usuario ya que los productores deben esforzarse más y ofrecer mayores y mejores ventajas para él.

Incrementan el acceso a distancia, el notable avance en la tecnología de comunicación y en la capacidad de las computadoras ha permitido el acceso a innumerables fuentes de información que antes eran inaccesibles.

El recurso de la capacitación permitirá convertir a la computadora en una herramienta de apoyo en el desarrollo de cualquier actividad el cual le permitirá realizar su función con mayor facilidad y rapidez.

La computadora utilizada correctamente es una herramienta o un medio auxiliar, para la solución de problemas de diversas disciplinas que se plantean el estudiante.

El uso de la computado era tiene beneficios académicos que podemos mencionar: el ahorro de tiempo al realizar sus tareas.

El uso de la computadora se ha vuelto indispensable para todos los jóvenes estudiantes incluso para casi todas las personas que estudian o trabajan.

g) Desventajas de las computadoras

La adquisición de las aplicaciones de computadoras es en su gran mayoría muy costosas a pesar de que las computadoras individuales son relativamente accesibles y de que los mercados de los programas de computadoras son muy competitivos, sin embargo, siempre se encuentran principalmente en los productos con mayor demanda por parte de los usuarios costos muy elevados. Lo cual muchas veces obliga a la población principalmente la pobre a tener que conseguir las aplicaciones de forma ilegal es decir "pirata".

La tecnología cambia rápidamente, los cambios en la tecnología tienen un ciclo muy corto por lo que se corre el riesgo de enfocar la atención solamente a disponer de lo más avanzado en tecnología y no así a descubrir y especializarse en el producto que se tiene y se la pasa cambiando versión cada vez que sale una nueva obligándolo a empezar de cero a familiarizarse con los productos.

Existe desconocimiento de la utilización de las computadoras a pesar de que han tenido gran aplicación desde hace mucho tiempo, aún existen muchas personas principalmente adultos que han tenido poco o ningún contacto con ellas y desconocen cómo utilizarlas, si quiera se ven interesados en aprender aludiendo principalmente en que, "no es de su época" y "ya para ellos no es transcendental" como lo es para los jóvenes hoy en día.

h) Conclusión

Se puede mencionar que la gente que utiliza las computadoras aún no conoce todas las consecuencias y los beneficios que podrían traer su uso, aun no se encuentran familiarizados con las ventajas que la tecnología ha puesto a su alcance, además de la necesidad de que las instituciones, principalmente educativas, implementen la computadora como una herramienta eficaz para el aprendizaje de los estudiantes y tomar en cuenta las ventajas y desventajas que esta provoca.

BIBLIOGRAFIA DE REFERENCIA

- **ANDEL, J. (1997): Tendencias en educación en la sociedad de las tecnologías de la información.**
- **BALLESTA, P.J- La formación del profesor en nuevas tecnologías aplicadas a la educación, en Redes de comunicación,**
- **MORÍN, J.: Seurat, R (1998): Gestión de los Recursos Tecnológicos.**
- **PAPERT, Seymour. La máquina de los niños, replanteamiento de la educación en la era de las computadoras.**
- **RIVERO ERRICO, Alfonso, "La computadora como medio de Enseñanza",**
- **SALINAS, J. (1997); Nuevo a ambientes de aprendizaje para una sociedad de la información.**

Citada

📖 Fernández Muñoz, Ricardo. "Docencia e Investigación" Revista de la Escuela Universitaria de Magisterio de Toledo ISSN: 1133-9926 Número1 (versión digital) Año XXVI Enero/Diciembre de 2001.

http://www.uclm.es/profesorado/ricardo/Docencia_e_Investigacion/RicardoFdez.htm

 Hernández Valdelamar, Eugenio Jacobo. "Computación e Informática en la Educación Básica" Análisis y propuesta para mejorar la enseñanza con el apoyo de recursos informáticos en la educación básica (primaria): Articulo en versión digital - 21 de Septiembre de 2011.
http://es.scribd.com/doc/65786808/Computacion-e-informatica-en-la-educacion-basica

Marabotto, María Irma. (1996) Estrategia Cognitivas y Metacognitivas para la Tecnología de la Información, en Actas de Jornadas de Informática Edu**cativa 96, Madrid** UNED, España, 1a.

Marland, Michael. (2003). El arte de enseñar. Técnicas y organización del aula, Morata, España, 4a.

Ogalde Careaga, I. & Bardavid Nissim E. (2008). Los Materiales Didácticos. Medios y recursos de apoyo a la docencia, Trillas, México, 3a.

Secretaria de Educación Pública. "Proyecto COEEBA-SEP" Enseñanza de la Información en el Nivel Medio Básico de la Educación en México de la Revista Tecnología y Comunicación: Número 6 – Articulo en PDF – Febrero-Abril 1987. http://tyce.ilce.edu.mx/tyce/6/TecyComEduNo06_A06.pdf

Paginas Electrónicas según APA

http://www.wikipedia.com
http://www.noveduc.com
http://ciberhabitat.gob.mx/escuela/maestros/act_i.htm
http://www.monografias.com
http://www.monografias.com/trabajos12/hiscompu/hiscompu.shtml
http://www.buenastareas.com/ensayos/Importancia-De-La-Computadora/662873.html

CAPÍTULO II

LA INCORPORACION DE LA COMPUTACIÓN EN LA ASIGNATURA TECNOLOGIA

La computadora tiene mucha memoria.
¡Pero nada de imaginación!
Anónimo

1. La computadora un reto para los docentes

La tecnología es una estructura y aplicación de conocimientos para el logro de fines prácticos, integrándose las ciencias y las matemáticas y procesos utilizados para la resolución de problemas y la obtención de resultados óptimos.La incorporación de la computadora en la asignatura tecnológica forma parte del reto de los docentes. El conocimiento de las características y beneficios educativos les permitirá los alumnos transferir los conocimientos adquiridos y asociándolos a su entorno social, creando una conciencia y un hábito para la investigación en la ciencia y la tecnología en su sentido más amplio.

El uso de la Tecnología en el Aula, permite al docente un acercamiento a las tecnologías, la identificación de los elementos teóricos, metodológicos y prácticos que le permitirá tanto a los docentes como a los alumnos tener una amplia visión con el fin de que formulen de alternativas de solución. Desarrollando las habilidades del pensamiento y el desarrollo de competencias.

La planificación es un elemento sustantivo de la práctica docente. Implica organizar los conocimientos: conceptual, procedimental y actitudinal las actividades que deben desarrollan durante el curso.

Sin olvidar los fundamentos de las teorías del aprendizaje, comprender textos, redactar propuestas, favorecer el desarrollo de la imaginación creativa y reflexiva, potenciar el desarrollo de cada integrante del grupo mediante la colaboración con los demás. Tomando en cuenta lo anterior, como producto final usted elaborará y diseñará una estrategia didáctica incorporando los diferentes medios revisados a lo largo del curso y aplicarla a su grupo.

2. La reforma en la asignatura tecnológica educación secundaria

El impacto de los avances de la tecnología están teniendo en la educación han propiciado la capacidad de interacción entre el docente y el alumno, las computadoras a través de software o internet que son aplicados en la enseñanza. Con una amplía gama de medios tecnológicos utilizados en la actualidad, incrementa el potencial para un mejor y enriquecedor para los diferentes tipos aprendizajes de educación.

El interés de la política educativa por incorporar el uso de tecnología en las escuelas secundarias y vincularla el proceso de formación en los alumnos y la actualización docente no es una estrategia reciente, existen diversas experiencias en distintos ámbitos educativos. Un fragmento del acuerdo 593 que relaciona a la asignatura tecnológica del Diario Oficial de la Federación promulgando el viernes 19 de agosto de 2011. A continuación mostramos:

ACUERDO número 593 por el que se establecen los Programas de Estudio de la asignatura de Tecnología para la Educación Secundaria en las modalidades General, Técnica y Telesecundaria

"La enseñanza de la Tecnología en las diferentes modalidades de la educación secundaria técnica, general y telesecundaria, fundamenta a la técnica como parte de la naturaleza humana y como factor fundamental de su adaptación al medio. Desde sus orígenes, la humanidad ha intervenido en el entorno mediante un proceso continuo de reflexión, el cual ha hecho posible la creación de herramientas, desde las más primitivas hasta las más complejas, y en consecuencia ha favorecido el desarrollo de la sociedad. En este sentido, el estudio de la Tecnología en la educación secundaria adquiere importancia, ya que permite que los alumnos se involucren en la búsqueda de soluciones para satisfacer las necesidades de su comunidad y mejorar su calidad de vida.

En su origen, la educación tecnológica en México estuvo vinculada con las actividades laborales. A principios de los años setenta, se consideró que era pertinente formar a los estudiantes de secundaria con alguna especialidad tecnológica, en la perspectiva de su consecuente incorporación al ámbito laboral. Asimismo, la educación tecnológica se orientó hacia una concepción de tecnología limitada a la aplicación de los conocimientos científicos.

Durante la reforma de la educación secundaria de 1993, no se formularon programas de estudio para la educación tecnológica. Sin embargo, en la modalidad de secundarias generales se realizaron algunas modificaciones, las cuales incorporaron nuevos componentes curriculares, como enfoque, finalidades, objetivo general, lineamientos didácticos y elementos para la evaluación y acreditación, estos últimos se concretaron en los denominados programas ajustados. Además, se propuso la disminución de la carga horaria de seis a tres horas a la semana.

En la modalidad de las secundarias técnicas se llevó a cabo una renovación curricular en 1995. En este modelo hubo un avance importante al incorporar el concepto de cultura tecnológica. El planteamiento se caracterizó por ofrecer a los estudiantes elementos básicos para la comprensión, elección y utilización de medios técnicos y el desarrollo de procesos. En esta modalidad se propusieron cargas horarias diferenciadas de 8, 12 y 16 horas semanales de clase para los diferentes ámbitos tecnológicos definidos en su modelo curricular.

Para la modalidad de telesecundaria, en el 2001 se incorporó un nuevo material de Tecnología para primer grado. La propuesta estableció opciones para abordar la tecnología en los ámbitos de salud, producción agropecuaria, social, cultural y ambiental, que permitieran conocer, analizar y responder a las situaciones enfrentadas en los contextos rurales y marginales, sitios en donde se ubican la mayoría de las telesecundarias. Sin embargo, los trabajos de renovación de materiales educativos quedaron inconclusos.

A pesar de todos los esfuerzos realizados en cada modalidad, es necesario llevar a cabo la actualización de la asignatura de Tecnología en el nivel de educación secundaria, con el propósito de incorporar los avances disciplinarios, pedagógicos y didácticos, en congruencia con las nuevas necesidades formativas de los alumnos y las dinámicas escolares. De esta manera, se define un marco conceptual y pedagógico común para las diferentes modalidades del nivel de secundaria que permitan incorporar componentes acordes a las necesidades educativas de los contextos donde se ofertan los servicios educativos del nivel.

El nuevo enfoque de la asignatura pretende que los alumnos lleven a cabo actividades que se centran en el estudio del hacer, para promover el desarrollo de competencias tecnológicas de intervención, resolución de problemas, diseño y gestión. Asimismo, deja de ser una actividad de desarrollo (Plan y programas de estudio, 1993) para concebirse como asignatura (Plan y programas de estudio 2006).

Los recursos de apoyo para la enseñanza y aprendizaje de la Tecnología se redefinen y dejan de considerarse como talleres para concebirse como laboratorios, con la idea de incorporar aspectos pedagógicos y didácticos que permitan prácticas educativas relevantes y pertinentes en congruencia con el enfoque de la asignatura.

La presencia de las tecnologías de la información y la comunicación (TIC) abre una gama de posibilidades didácticas, pero impone una serie de retos y restricciones que se deben considerar en la planeación del trabajo docente.

El uso eficaz de las TIC requiere cambios significativos en los espacios escolares e implica diseñar estrategias didácticas específicas, a partir de la revisión de los contenidos y aprendizajes esperados, que permitan tanto al maestro como al alumno aprovechar sus posibilidades de interacción al máximo. Por ello, es necesario buscar nuevas configuraciones respecto al papel del docente y de sus alumnos, de tal manera que permitan el aprendizaje autónomo y permanente, la toma de decisiones, la búsqueda y el análisis de información en diversas fuentes y el trabajo en equipo".

3. Antecedente del uso de las TIC en la educación básica

La tecnología en la educación básica se ha expandido vertiginosamente en esta segunda década del siglo XXI. Esta fue iniciada hace más de tres cuartos siglo por la milicia, sin imaginar los alcances que tendría como una herramienta académica y de información sobre la investigación y educación.

En esta sección se muestra (García Cué, 2011) cronológicamente la manera en que se han ido integrando las Tecnologías de la Información y la Comunicación (TIC) en México. Los orígenes de las TIC están ligados a los sistemas de educación a distancia y con los llamados sistemas abiertos no escolarizados, orientados a ampliar las oportunidades educativas hacia zonas geográficas y sectores poblacionales sin acceso a la educación como medio de superación individual y social:

- 1921 se estableció la Secretaría de Educación Pública (SEP) de México.
- (www.ANUIES,2001a).
- En 1947 se fundó el Instituto Nacional de Capacitación del Magisterio de la SEP con el propósito de formar a los maestros en servicio por medio de cursos por correspondencia y cursos intensivos durante los períodos vacacionales (www. SEP).
- 1950 se formalizó la Asociación Nacional de Universidades e Instituciones de Educación Superior-ANUIES (www. ANUIES).

- 1950 dan inicio las primeras transmisiones de la Televisión Mexicana (XHTV Canal 4 México). Más adelante se formaliza la red de Telesistema Mexicano XHTM (www.Televisa).
- 1954 se constituyó el Instituto Latinoamericano de Comunicación Educativa (ILCE). En 1956 el ILCE se establece en la ciudad de México (www.ILCE).
- 1955 la Universidad Nacional Autónoma de México (UNAM) produce sus primeros programas educativos y culturales. Actualmente los hace a través de TeveUNAM (TVUNAM).
- 1959 el Instituto Politécnico Nacional (IPN) formaliza el canal 11 de televisión con programación educativa y cultural (www.IPN).
- En 1964, la Secretaría de Educación Pública (SEP) crea la Dirección General de Educación Audiovisual buscando, a través del uso de medios de comunicación, nuevas alternativas de educación con el fin de abatir el rezago educativo, principalmente en zonas rurales (www. DGTVE-H)
- En el ciclo escolar 1966-1967 se estableció un modelo piloto que consistía en utilizar medios de comunicación masiva (radio y televisión) para suplir las carencias de escuelas y maestros en el ámbito rural en los niveles básico y medio. En 1971 el modelo se consolidó como Telesecundaria y se amplió a todo el territorio Mexicano (www.ANUIES).
- En 1968 se establecieron los Centros de Educación para Adultos, encargados de alfabetizar y ofrecer los estudios de primaria a personas mayores de 15 años, los cuales más tarde se denominaron Centros de Educación Básica para Adultos (www.ANUIES).
- 1971 la empresa Telesistema Mexicano transmite vía Satélite a México, EEUU y Latinoamérica por lo que cambia su nombre a Televisa-Televisión Vía Satélite (www.Televisa).
- 1972 la UNAM estableció el Sistema de Universidad Abierta (www.CUAED-UNAM)
- En 1974, el Instituto Politécnico Nacional (IPN) instauró el Sistema Abierto de Enseñanza (SEA). Ese mismo año, la Dirección General de Institutos Tecnológicos (DGIT) de la SEP implementó el Sistema Tecnológico Abierto (www. ANUIES).

- De 1977 a 1987 se formalizan programas educativos entre la UNAM y la empresa Televisa (www.DGTVE-H, 2007)
- 1985 inicia la televisión Educativa vía Satélite (www. DGTVE-H, 2007).
- De 1985 a 1995 se desarrolla el proyecto Computación Electrónica en la Educación Básica (COEEBA) orientado a utilizar la computadora en el aula y familiarizar a los maestros en su uso como instrumento de apoyo didáctico (www.DGTVE-H, 2007).
- 1986 el Instituto Tecnológico de Estudios Superiores de Monterrey (ITESM) recibe la señal de la red BITNET del estado de Texas, EEUU (www.Islas y Gutiérrez, 2000).
- 1989 el ITESM establece el primer nodo de Internet en México (www.Islas y Gutiérrez, 2000) e integra el Sistema Interactivo de Educación Vía Satélite (SEIS) (www.ITESM).
- 1990 la UNAM establece el segundo nodo de Internet en México y formaliza la RedUNAM en sus campos (www. HIAINT, 2007).
- En 1992 diversas Universidades e Instituciones de Educación Superior conectadas a Internet fundaron MEXnet (www. HIAINT, 2007).
- En 1992 diversas Instituciones educativas de México forman parte de la Asociación de Televisión Educativa Iberoamericana (ATEI) junto con otros 20 países (www. ateiamerica.com/)
- En 1993 el Consejo Nacional de Ciencia y Tecnología de México (CONACyT) establece el primer enlace a Internet vía Satelital (www.HIAINT, 2007).
- En 1993 se establece la red de Videoconferencias de la UNAM-RVUNAM (www.DGSCA-UNAM)
- 1994 se fusionaron las redes MEXnet y la del CONACyT derivándose en la Red Tecnológica Nacional (www.Islas y Gutiérrez, 2000).
- 1995 la SEP creó el sistema de Educación Satelital (EDUSAT) que trabaja en conjunto con el ILCE, la ANUIES e instituciones Públicas y privadas de México (www.Secretaría de Educación Pública, 2003).

- A finales de 1995 se creó el Centro de Información de Redes de México (Network Information Center de México; NIC-México (www.NIC-México).
- 1996 el ITESM forma la Universidad Virtual apoyándose de los recursos de videoconferencias e Internet para cursos de Licenciatura, Especializaciones, Postgrados y capacitación empresarial (www.Amador, 2004).
- En 1997 la SEP establece la Red Escolar aprovechando los recursos del sistema EDUSAT y las conexiones de Internet (www.Red Escolar).
- En 1997 se instituye la Red Nacional de Videoconferencias para la Educación –RNVE (www.Ramirez, 2006).
- En 1999 siete universidades de México constituyen la Corporación Universitaria para el Desarrollo de Internet (CUDI) con el fin de utilizar Internet-2 para la docencia, investigación y el servicio (www.CUDI).
- En 2000 se formaliza el programa e-México para integrar las TIC en todos los niveles educativos (www.e-México, 2005)
- En 2001 la SEP y el ILCE establecen el programa SEPiensa portal educativo de educación básica y media para México y Latinoamérica (www.SEPiensa).
- En 2001 se formaliza la Red de Videoconferencias de la Corporación Universitaria para el Desarrollo de Internet (RVCUDI) con 152 socios y 7 convenios Internacionales (www.CUDI).
- En 2002 la UNAM coordina el Centro Nacional de Videoconferencia Interactiva (VNOC) integrando las redes RNVE, RVCUDI, RVUNAM (www.VNOC).
- En 2003 se inicia el programa Enciclomedia para equipar con TIC las aulas de quinto y sexto año de educación primaria (www.Enciclomedia).
- En 2003 la red CUDI de México se integra al proyecto ALICE (América Latina
- Interconectada con Europa) y forma parte de la Asociación Civil denominada
- Cooperación Latinoamericana de Redes Avanzadas-CLARA (www.CLARA).

- En 2004 se incorporan 22.000 equipos informáticos y pizarras digitales en 11.000 escuelas primarias de México (www.Presidencia México).
- En 2006 se incorporan 51.000 pizarras interactivas marca SMART Board para continuar con el programa Enciclopedia (www.SmartBoard).

En la Reforma de la Educación Secundaria de 1993 no se formularon programas de estudio para la educación tecnológica. En el caso de secundarias generales se propusieron algunas modificaciones, denominadas "programas ajustados". Estos programas incorporaron un nuevo enfoque, finalidades, objetivo general, lineamientos didácticos y elementos para la evaluación y la acreditación. En este contexto se plantearon alrededor de 21 especialidades tecnológicas. Sin embargo, éstas conservaron su naturaleza con la finalidad de desarrollar habilidades técnico-instrumentales en los alumnos, con el fin de acercarlos a las actividades productivas.

En la modalidad de secundarias técnicas se llevó a cabo una renovación curricular en 1995. En esta renovación se incorporó el concepto de "cultura tecnológica" y se caracterizó por ofrecer a los estudiantes los elementos básicos para la comprensión, elección y utilización de procesos y medios técnicos, así como un acercamiento a un ámbito tecnológico particular, a partir de una actividad tecnológica concreta. También se propusieron como parte de la oferta educativa 29 especialidades para la formación de los alumnos de la asignatura.

Las actividades o especialidades tecnológicas propuestas (50 en total) para ambas modalidades, se encontraban claramente delimitadas. Sin embargo, a partir de un seguimiento realizado en 2006 por la Dirección General de Desarrollo Curricular (DGDC), se encontró que la oferta real que se estaba operando en las escuelas secundarias del país, sin regulación alguna, era de 76 actividades y especialidades tecnológicas; incluso se identificaron otras que por su naturaleza no correspondían al campo de estudio de la Tecnología.

La DGDC realizó un diagnóstico durante los años 2006 y 2007, con el propósito de actualizar los programas de estudio de la asignatura de Tecnología y conformar una nueva oferta educativa para su estudio a través de seis campos tecnológicos. Asimismo, en el 2009 se definió el *Catálogo Nacional de la Asignatura de Tecnología para la Educación Secundaria Técnica y Educación Secundaria General* que es el principal referente normativo para la actualización de las guías de equipamiento en ambas modalidades.

4. Utilización las TIC en la asignatura tecnológica

La tecnología ha sido una herramienta que nos ha permitido facilitarnos los proceso en el sistema educativo tradicional (pizarrón, escritorios, aula, etc.) que transformaron en su momento a la institución educativa en diferentes épocas o escenarios, y hoy podemos ver las TIC en la educación y podemos disfrutar de nuevos contextos o entornos, pero ahora virtuales.

Según Ortega Escalante (2002), el papel de la Tecnología Educativa es que hasta el momento las TIC están provocando cambios importantes en el desenvolvimiento de la sociedad, uno de ellos es el desarrollo de la Tecnología Educativa, la cual propicia procesos de enseñanza más interactivos que favorecen la retroalimentación profesor-alumno y genera nuevos entornos de aprendizaje.

Como lo menciona el acuerdo 593 (2011), establece a las TIC son recursos que apoyan el desarrollo de las situaciones de aprendizaje, que modifican y mejoran la interacción entre el docente y el alumno y entre los alumnos, a partir del uso de medios como equipos de cómputo, internet, software para la enseñanza del diseño, simuladores, recursos multimedia, pantalla, cañón y pizarrones interactivos. Asi como, otros recursos que se menciona a continuación:

a) Materiales didácticos

Los materiales didácticos son los medios que el docente emplea para facilitar el logro de los aprendizajes esperados y el desarrollo de las competencias de la asignatura. Esto implica que los alumnos investiguen, analicen, diseñen e implementen proyectos técnicos, a partir del uso de libros, manuales, materiales impresos y electrónicos, entrenadores didácticos, materiales lúdicos y experimentales, catálogos, materiales gráficos, kits para armar modelos y prototipos y diversos objetos técnicos destinados a facilitar la comprensión de la técnica como objeto de estudio. Además, los materiales didácticos permiten al docente realizar demostraciones y abordar los contenidos, a fin de enriquecer las experiencias de aprendizaje de los alumnos, favorecer la comprensión y análisis de los contenidos de la asignatura.

b) Distribución de los espacios de trabajo en el laboratorio de Tecnología

El laboratorio de Tecnología se caracteriza por ser un espacio físico para realizar análisis sistémicos o de productos, hacer demostraciones, proponer soluciones a problemas técnicos, elaborar representaciones gráficas, consultar distintas fuentes de información, debatir ideas y dilemas morales, gestionar proyectos y exponer informes técnicos.

Asimismo, es un espacio para llevar a cabo actividades técnico-instrumentales, desarrollar procesos técnicos y productivos de los énfasis de campo, construir modelos y prototipos, realizar simulaciones con el uso de las TIC y desarrollar el trabajo por proyectos.

En el laboratorio de Tecnología se pretende que los alumnos lleven a cabo actividades que posibiliten el desarrollo de habilidades de carácter cognitivo e instrumental para el logro de las competencias tecnológicas propuestas en el Programa de Estudio: competencias de intervención, resolución de problemas, diseño y gestión.

El espacio del laboratorio de Tecnología se divide en dos áreas:

❖ *La caseta de resguardo o almacén*, que es el área que sirve para guardar los materiales y medios técnicos que se usan en el énfasis de campo para asegurar el orden, la planificación y la organización del trabajo, y

❖ *El equipo de cómputo o audiovisual*, que es el área para que los alumnos elaboren representaciones gráficas mediante el empleo de *software* de diseño, el uso de simuladores y recursos multimedia, así como para la proyección de películas y documentales.

Por lo anteriormente mencionado en no estar preparados en el uso de las TIC, tendrán como consecuencias estar rezagado tecnológicamente hablando en una sociedad del siglo XXI. Quedando al descubierto quienes las utilizan y quienes las excluyen. También es evidente las políticas educativas tiene mucho que decir en relación a evitar, o en su defecto compensar estas desigualdades en el acceso a la información y el conocimiento en la mayoría de las instituciones educativas no solamente del país, sino de toda Latinoamérica, mejor conocidos como países del tercer mundo.

Nos queda claro que la incorporación de las TIC no es una opción, es una necesidad del resultado de una cada vez más cambiante.

5. Utilización del software educativo en la asignatura tecnológica.

Al referirse el software educativo, antes de preocuparse por el contenido de este, es importante conocer cuales son sus ventajas y desventajas que representa para el ámbito educativo y sus herramientas principales. Aquí presentamos las clasificaciones que serán de gran utilidad en la compresión del tipo de contenidos que pueden tener al incorporarse en el proceso educativo, de igual manera discernir por medio de conceptos, el tipo al que pertenece, el más adecuado a utilizar. Se clasifican en dos grupos que son:

a. Software abierto.
b. Software cerrado o hibrido.

Para el uso de cada uno no se especifica en el ámbito educativo, sino en la aplicación en el proceso de aprendizaje. Las características que poseen, sus ventajas y desventajas que el docente o el usuario obtenga sus propias conclusiones.

a) Software abierto.

Menciona Forte y malo (citado en Carrillo 2007) "el software abierto, por lo general, no esta diseñado para un grado escolar especifico, mas bien es el docente el que diseño proyectos que son asequibles como herramientas de trabajo. Cabe señalar que el resultado de interacción-computadora-docente no lo establece el diseñador del software; es decir, el proyecto se desarrollo de acuerdo a los intereses y necesidades de los alumnos, quienes guiados por el docente, claro esta, establece cómo y para que utiliza la computadora; no hay respuestas predeterminada, por lo que no hay resultados correctos e incorrectos provocados por el diseño"

También menciona como software abierto a los programas que contiene el Office: Procesador de texto, hoja de cálculo, presentador de diapositivas y base de datos. El correo electrónico, los simuladores y los lenguajes de programación. Estos no existe un contenido predefinido, no hay problemas prediseñados, solo una herramienta tan amplía como el potencial del usuario. En todo caso es el docente que toma el papel diferente en el cual diseña proyectos para las asignaturas que imparte. El resultado final siempre es distinto o de la decisión tomada por el usuario.

Este software se incluye la experiencia personal del aprendizaje; el uso de una lógica difusa, así como de la intuición, en el que prevalece el desarrollo de la creatividad, el pensamiento lógico, la capacidad de exploración y las habilidades de comunicación y de trabajo en equipo.

b) Software cerrado y software hibrido.

Es aquel que tiene un contenido definido y establece jerarquías y relaciones univocas con niveles o módulos de conocimientos y destrezas.

Frecuentemente tienen alta relación con el currículo, a diferencia del software abierto, y el contenido obedece a conceptos preestablecidos por el diseñador, quien incorpora exámenes que plantean preguntas cerradas, con respuestas correctas o incorrectas.

Quienes están involucrados en el desarrollo de software, caracterizan al software cerrado más avanzado (EAC: enseñanza asistida por computadora) como aquel que permite el desarrollo como la aritmética, el aumento de conocimientos en temas específicos y la resolución de problemas.

Este tipo de software avanzado, el programa, apegado a currículos, contendrá todos los elementos para que el alumno adquiere y lo refuerce los conocimientos de su grado escolar y los aplique en problemas contenidos en el software. Para este caso, el maestro toma un papel diferente, en donde solo será consultado por el alumno cuando el problema que enfrente no pueda ser resuelto con las habilidades que ya desarrolló. En algunos casos, este induce al maestro a profundizar sus conocimientos sobre la asignatura que enseña, pues podría presentar problemas que estén por encima de sus conocimientos actuales.

Aunque el software cerrado es muy criticado, algunas experiencias muestran, que los alumnos llegan a resolver problemas que sus maestros no pueden. Los críticos opinan que en la enseñanza asistida por computadora no se programa lo que se enseña, si no al estudiante.

Con un software hibrido, se persigue obtener beneficios de una enseñanza mas individualizada, a la cual accede por medio del autoaprendizaje. Se busca adicionar los beneficios de una enseñanza colaborativa, que se desarrolla mediante el uso de software correspondiente en equipos de trabajo integrados por varios alumnos que emprenden proyectos colectivos.

El contenido abarca algo de la estructura de los libros de texto, pero lo hace en tal forma que capta la atención del estudiante de una manera más efectiva, al utilizar preguntas abiertas que exigen investigación independiente, quizás también asistida por computadora. Los defensores de este tipo de software, señala, que, correctamente utilizado, puede contribuir a la menor masificación de la enseñanza actual y presta atención a las necesidades individuales de cada estudiante. Otra de las ventajas que presenta este tipo de software, es el acceso a fuentes externas para enriquecer la experiencia del aprendizaje, incluyendo enormes bibliotecas digitales, a través de un enlace con nodos de información del internet. (Carrillo, 2007, pp. 146-148)

BIBLIOGRAFIA DE REFERENCIA

Citada

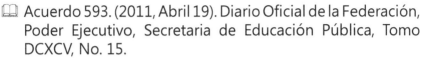 Acuerdo 593. (2011, Abril 19). Diario Oficial de la Federación, Poder Ejecutivo, Secretaria de Educación Pública, Tomo DCXCV, No. 15.

📖 Carrillo Calderón Loriane. (2007). Tecnología de la Información y Comunicación aplicadas a la educación básica. Monografía que para obtener el Titulo de Licenciado en Sistemas Computacionales Administrativos, Faculta de Contaduría, Administración y Sistemas Computacionales y Administrativos, Universidad Veracruzana, Veracruz, México.
García Cué, José Luis & Santizo Rincón, José Antonio "Integración de TIC en México" Articulo para la Revista del Colegio de Postgraduados, Campus Montecillo Enero-Diciembre de 2011, (versión en PDF). www.jlgcue. es/ticmex.pdf

📖 Secretaria de Educación Pública. (2011) Plan de Estudios 2011. Educación básica, Comisión Nacional de Libros de Texto Gratuitos, México, 1a.

CAPÍTULO III

USO DE LA TECNOLOGIA EN EL AULA

Dime y lo olvido
Enséñame y lo recuerdo
Involúcrame y lo aprendo
Benjamín Franklin

1. La reforma en la educación secundaria

El uso de la tecnología en el aula, la computadora facilita la enseñanza de los conceptos, procedimientos y actitudes y la relación existente entre educación y la informática, así como las teorías educativas, descripciones sobre ambientes de aprendizaje apoyados con computador para lograr un adecuado aprendizaje en los estudiantes de secundaria de Educación Básica.

Este obliga al docente a desarrollar nuevas estrategias básicas para que el alumno tenga un ambiente abierto a la expresión, a la creatividad, la solución de problemas y a la búsqueda de información a través del uso de una gran diversidad de herramientas y fuentes que permitan que, tanto el docente como el alumno, puedan manejar y verificar el impacto de la informática educativa.

Una valiosa herramienta que proporcionan amplios beneficios en la vida cotidiana del hombre a la mejora con este medio que brinda la oportunidad de optimizar conocimiento a través de diferentes programas educativos e informativos.

Los beneficios de la computadora y del software en la educación consisten en brindar al educando la oportunidad de adquirir e intercambiar información con mayor seguridad, participar activamente en su aprendizaje promoviendo el autoaprendizaje, como también incrementa el interés, la motivación y el entusiasmo a buscar información novedosa.

Por lo antes mencionado las instituciones educativas y los docentes deben modificar sus estructuras y estrategias para incluir la computadora y sus avances en su trabajo diario para ofrecerles a los estudiantes todos los beneficios que ella representa.

2. El plan de estudio 1993

Como consecuencia del acuerdo nacional para la modernización de la educación básica y de la expedición de la ley general de educación, se reformularon los planes y programas de estudio de la educación primaria y secundaria bajo la consideración de que ello constituye una acción necesaria por su "gran potencialidad en el mejoramiento de la calidad educativa" (Poder Ejecutivo Federal. *Programa de Desarrollo Educativo 1995-2000*, México, SEP, 1996. P. 27).

En 1995 inicia el proceso de reforma curricular convocado a su comunidad educativa al primer congreso de educación secundaria técnica a fin de crear un espacio de análisis y reflexión sobre los principales logros, retos y perspectivas de este subsistema, siendo sus conclusiones y propuestas un antecedente para la reforma curricular de la educación tecnológica en las escuelas secundaria técnicas.

A pesar de que a inicios de los noventa se realizaron "ajustes" a los programas d estudio para la educación tecnológica del plan 1974 y se elaboraron programas emergentes para los tres grados, el enfoque, las finalidades y la práctica curricular para la enseñanza y el aprendizaje de la tecnología

a) Enfoque

La enseñanza de la tecnología se ubica en el plan de estudios de educación secundaria como una actividad de desarrollo a la que se denomina Educación Tecnológica, destacándose la conveniencia de que ésta se realice:

"Con mayor flexibilidad, sin sujetarse a una programación rígida y uniforme y con una alta posibilidad de adaptación a las necesidades, recursos e intereses de las regiones, las escuelas, los maestros y los estudiantes" (SEP. Plan y Programas de Estudio. Educación básica. Secundaria. México, 1993. p. 14)

Esta cobra relevancia por ser un espacio curricular donde se da cumplimiento a los propósitos del Plan de Estudios de educación secundaria.

b) Tecnología y educación tecnológica

Se concibe a la tecnología como el campo de conocimiento que sistematiza el saber-hacer que se encuentra presente en el conjunto de procesos de invención, creación, transformación y uso de objetos dirigidos a la solución de problemas y a la satisfacción de necesidades humanas para la subsistencia y mejoramiento de la calidad de vida.

En este contexto y teniendo como eje el saber-hacer tecnológico, la enseñanza de la tecnología en la educación secundaria técnica, pretende ofrecer, con mayores y mejores recursos, los elementos tecnológicos básicos para la comprensión, elección y utilización de los procesos y medios tecnológicos en general, así como los aplicables a un determinado ámbito tecnológico.

c) Finalidades

La educación tecnológica en la educación secundaria técnica tiene como prioridad el desarrollo y fortalecimiento de los conocimientos, habilidades y valores en los alumnos para:

- ✓ La creación de una conciencia tecnológica; es decir, la comprensión y valoración de cómo en la vida diaria se presentan adelantos tecnológicos los cuales resuelven problemas, pero quizá generan otros; cómo esos elementos sustituyen actividades que implicarían mayor uso de recursos; corno la tecnología requiere de un uso racional, etc.

✓ Un acercamiento al mundo del trabajo, más que una capacitación técnica 'empreña.

✓ La detección de problemas de su entorno a fin de encontrar soluciones que tiendan al beneficio individual y colectivo.

✓ Elevar la calidad de su formación, articulando diferentes contenidos del plan de estudios.

✓ La toma de decisiones en el proceso de elección vocacional.

d) Los contenidos de la educación tecnológica

Al hablar del saber-hacer tecnológico se esta haciendo referencia a la amplia gama de contenidos desarrollados y sistematizados en este campo del conocimiento, de los cuales a partir de lo variado de su naturaleza se puede clasificar en:

✓ **Conceptuales**, que permiten la abstracción racional de los procesos, de sus propiedades y de sus relaciones.

✓ **De procedimientos**, que suponen el desarrollo de procesos de adquisición de habilidades, tanto intelectuales como manuales; destrezas, técnicas, métodos de trabajo y estrategias cognitivas.

✓ **Axiológicos**, que coadyuvan a la formación de ciertas apreciaciones y posiciones ante sujetos, hechos o argumentos, o bien ante las relaciones hombre-hombre u hombre-naturaleza.

Esta clasificación así como la connotación de saber-hacer estarían señalando la imposibilidad de poder ubicar por separado contenidos "teóricos" y contenidos "prácticos", por lo tanto la enseñanza y el aprendizaje del saber-hacer tecnológico es un proceso en donde siempre (en menor o mayor medida; implícitamente o explícitamente) están presentes contenidos conceptuales, de procedimiento y axiológicos.

e) Organización de los contenidos

Los programas de educación tecnológica están integrados por contenidos de los dos componentes curriculares, los cuales se han estructurado en temas y subtemas, que se agrupan en grandes campos temáticos, ya sea de manera integrada, en secuencia alternada o en forma independiente; agrupación que está dada por la relación que guardan entre sí los diversos contenidos, sea en términos de continuidad (antecedente-consecuente), de grado de complejidad o de conocimientos previos del alumno (adquiridos o potenciales).

Por otro lado, esta propuesta programática para la actividad de desarrollo de Educación Tecnológica, presenta tres niveles de aproximación al saber-hacer tecnológico, correspondiéndose a cada uno de los tres grados.

En primer grado el énfasis esta dado en: el reconocimiento «le U tecnología en la vida cotidiana como una actividad que ayuda a resolver problemas de distinta naturaleza, en la comprensión y elaboración de proyectos técnicos para la fabricación de objetos o producción de procesos tecnológicos, en el análisis socio-histórico, científico y técnico de objetos y procesos de esa índole, en la identificación de la presencia de la tecnología en los procesos productivos, así como, en la introducción al saber-hacer de un ámbito tecnológico y en advertir en él la actividad tecnológica correspondiente.

En segundo grado, los contenidos del ámbito tecnológico adquieren una relevancia mayor, a fin de no sólo profundizar en ellos, sino de hacer converger en el análisis, fabricación e implementación de objetos y procesos específicos del ámbito, los contenidos derivados del primer componente curricular.

Para tercer grado se propone un mayor aprendizaje de las técnicas particulares de la actividad tecnológica contextualizado en el campo de conocimiento de la tecnología.

f) Tratamiento didáctico del programa

El programa de educación tecnológica se encuentra estructurado en campos temáticos que mantienen una secuencia al interior de cada uno de ellos y representan los contenidos básicos del curso. Esto no significa que cada campo temático sea agotado en su totalidad para continuar con el siguiente; por el contrario, el profesor deberá reagrupar en unidades didácticas los contenidos de cada campo temático, cuidando que en ellas se recuperen contenidos de uno o más campos temáticos y se presenten desde niveles iniciales que tiendan a la sensibilización, hasta niveles de profundización y de mayor complejidad.

Es importante también que al interior de cada unidad didáctica, los contenidos se agrupen de acuerdo a los conocimientos previos del alumno (adquiridos y potenciales) y se establezca una continuidad de antecedente-consecuente. Esta es una actividad fundamental como paso previo para la elaboración de secuencias didácticas, en las que obviamente no se puede separar la "teoría" de la "práctica", con el propósito de ser coherentes con la intencionalidad del programa, ya que el saber-hacer tecnológico comprende no sólo conocimientos, sino fundamentalmente habilidades intelectuales y valores.

Para ello es necesario implementar diversas estrategias de aprendizaje en las cuales el alumno conozca, elabore, valore y proponga. El método proyectos, los ejercicios de fabricación, los juegos de simulación, el análisis de objetos técnicos y las visitas a empresas, son algunos ejemplos de métodos de trabajo que permitirán al alumno desarrollar su creatividad.

Desde 1993 la educación secundaria fue declarada componente fundamental y etapa de cierre de la educación básica obligatoria.

Durante mas de una década la educación secundaria se ha beneficiado de una reforma curricular que puso el énfasis en el desarrollo de habilidades y competencias básicas para seguir aprendiendo; impulso programas para apoyar la actualización de los maestros; realizó acciones de mejoramiento de la gestión escolar y del equipamiento audiovisual y bibliográfico. Sin embargo, estas acciones no han sido suficientes para superar los retos que implica elevar la calidad de los aprendizajes, así como atender con equidad a los alumnos durante su permanencia en la escuela y asegurar el logro de los propósitos formativos plasmados en el currículo nacional.

3. Plan de estudio 2006

Se impulsaron diversos mecanismos que promovieran la participación de maestros y directivos de las escuelas secundarias de todo el país, de equipos técnicos estatales responsables de coordinar el nivel, y de especialistas en los contenidos de las diversas asignaturas que conforman el plan de estudios. En este proceso se contó con el apoyo y compromiso decidido de las autoridades educativas estatales.

La asignatura tecnológica pretende promover una visión amplia del campo del estudio que considera los aspectos instrumentales de las técnicas, sus procesos de cambio, de gestión, de innovación y su relación con la sociedad y la naturaleza. En la búsqueda de una participación social, permitiendo garantizar una participación en diferente grupos sociales definiendo y controlando. Reconociendo la importancia de la perspectiva humanista, para el desarrollo de un proceso formativo desde un referente instrumental, sistémico y holístico en la construcción, aplicación y valoración la propia tecnología. Este programa esta conformado por cuatro secciones y cuatro anexos.

Secciones:
1. Fundamentos de la asignatura, la naturaleza, la conceptualización de la técnica y la tecnología, entre otros temas.
2. Propósitos generales.
3. El enfoque pedagógico de la asignatura.
4. Se presenta la estructura

Anexos:
1. Conceptos básicos para interpretar los contenidos de la asignatura.
2. Orientación didáctica general para abordar de los contenidos de la signatura.
3. Describe la construcción de proyectos en tecnología como estrategia educativa.
4. Lineamientos generales en seguridad e higiene para los alumnos y docentes.

Para finalizar es preciso señalar que el diseño curricular de los programas de estudio se presenta de manera genérica, para el desarrollo especifico se propone el trabajo con actividades articuladas a los campos tecnológicos propuestos en el acuerdo 384 del catalogo nacional de actividades tecnológicas para la educación secundaria, formulado por la dirección general de desarrollo curricular.

El objetivo es orientar el diseño de los programas de estudio con base en la organización de contenidos, enfoques didácticos, estrategias de enseñanza y de aprendizaje para contribuir al logro de los propósitos formativos en cada uno de los tres grados, desde la especialidad de los procesos técnicos y productos desarrollados.

Promueven el desarrollo de un conjunto de acciones, el manejo de saberes, información y conocimiento, el uso de técnicas que permiten resignificar la idea de capacitación para el trabajo, con una formación básica que habilita a los alumnos en la comprensión e intervención en procesos técnicos, el trabajo por proyectos, el diseño y la innovación, como base para el aprendizaje de saberes prácticos, habilidades técnicas, cognitivas y actitudinales.

La reforma de la educación secundaria en 1993 para la educación tecnológica que se llevo a cabo una renovación curricular en 1995. El planteamiento se caracteriza por ofrecer a los estudiantes los elementos básicos para la comprensión, elección y utilización de procesos y medios técnicos, así como el acercamiento a un ámbito tecnológico particular, a partir de una actividad tecnológica concreta.

Este espacio se articula acciones y conocimientos de diversos campos relacionados con el saber hacer. Entre estos conocimientos, podemos identificar los de tipo descriptivo y los de tipo operativo o procedimental. Los conocimientos de diversos campos de la ciencia se articulan en el área tecnológica y se resignifican según las diferentes situaciones de aplicación, en correspondencia con los distintos contextos históricos, sociales y culturales. Esta situación influye en la definición del enfoque de la asignatura y en las orientaciones metodológicas para su enseñanza y aprendizaje.

4. El plan de estudio 2011

La Reforma Integral de la Educación Básica (RIEB) presenta áreas de oportunidad que es importante identificar y aprovechar, para dar sentido a los esfuerzos acumulados y encauzar positivamente el ánimo de cambio y de mejora continua con el que convergen en la educación las maestras y los maestros, las madres y los padres de familia, las y los estudiantes, y una comunidad académica y social realmente interesada en la Educación Básica.

Plan de estudios 2011. Educación Básica es el documento rector que define las competencias para la vida, el perfil de egreso, los Estándares Curriculares y los aprendizajes esperados que constituyen el trayecto formativo de los estudiantes, y que se propone contribuir a la formación del ciudadano democrático, crítico y creativo que requiere la sociedad mexicana en el siglo XXI, desde las dimensiones nacional y global, que consideran al ser humano y al ser universal.

El Plan de estudios es de observancia nacional y reconoce que la equidad en la Educación Básica constituye uno de los componentes irrenunciables de la calidad educativa, por lo que toma en cuenta la diversidad que existe en la sociedad y se encuentra en contextos diferenciados. En las escuelas, la diversidad se manifiesta en la variedad lingüística, social, cultural, de capacidades, de ritmos y estilos de aprendizaje de la comunidad educativa.

Plan de estudios es su orientación hacia el desarrollo de actitudes, prácticas y valores sustentados en los principios de la democracia: el respeto a la legalidad, la igualdad, la libertad con responsabilidad, la participación, el diálogo y la búsqueda de acuerdos; la tolerancia, la inclusión y la pluralidad, así como una ética basada en los principios del Estado laico, que son el marco de la educación humanista y científica que establece el Artículo Tercero Constitucional.

Propone que la evaluación sea una fuente de aprendizaje y permita detectar el rezago escolar de manera temprana y, en consecuencia, la escuela desarrolle estrategias de atención y retención que garanticen que los estudiantes sigan aprendiendo y permanezcan en el sistema educativo durante su trayecto formativo.

El Plan de estudios requiere partir de una visión que incluya los diversos aspectos que conforman el desarrollo curricular en su sentido más amplio, y que se expresan en los principios pedagógicos.

La reforma establece criterios y lineamientos para la innovación, que los docentes interprete y procese en lo que respecta a las tecnologías de información y comunicación.

Las Tecnologías de la Información y la Comunicación (TIC) son fundamentales para el desarrollo económico, político y social de los países, y cobran sentido ante la existencia de la economía del conocimiento. La ausencia de una política de tecnologías de la información y la comunicación en la escuela pública aumenta la desigualdad entre los países y las personas. La Organización de las Naciones Unidas para la Educación, la Ciencia y la Cultura (Unesco) prevé que construir sociedades del conocimiento contribuye a los Objetivos de Desarrollo del Milenio.

Los cuatro principios que la Unesco estableció en la Cumbre Mundial sobre la Sociedad de la Información orientan la formulación de políticas, y son los siguientes:

1. Acceso universal a la información.
2. Libertad de expresión.
3. Diversidad cultural y lingüística.
4. Educación para todos.

Asimismo, como señala la Unesco, "uno de los fenómenos más notables del nuevo paradigma educativo es la multiplicación de los centros potenciales de aprendizaje y formación. Si la educación se convierte en un proceso continuo que no se limita a un lugar y tiempo determinados, es importante valorar el ámbito del aprendizaje informal, cuyo potencial se ve hoy reforzado por la posibilidad de acceso que ofrecen las nuevas tecnologías".

El contexto es claro, ninguna reforma educativa puede evadir los Estándares de Habilidades Digitales, en tanto que son descriptores del saber y saber hacer de los alumnos cuando usan las TIC, base fundamental para desarrollar competencias a lo largo de la vida y favorecer su inserción en la sociedad del conocimiento.

Los perfiles de los estudiantes competentes en uso de TIC deben asociarse a los periodos escolares de la Educación Básica y al modelo de equipamiento.

Para cumplir los Estándares de Habilidades Digitales se han considerado dos estrategias:

Aulas de medios y Aulas telemáticas.

Es importante trabajar con los gobiernos estatales y grupos empresariales para fortalecer el equipamiento en el Tercer periodo escolar, donde sólo existiría Aula telemática base (1 a 30) para garantizar un número de, al menos, cinco equipos conectables (laptop, notebook o tablet), aumentar el uso de plataformas y de dispositivos que conectan la red escolar.

Los Estándares de Habilidades Digitales están alineados a los de la Sociedad Internacional para la Tecnología en Educación (ISTE, por sus siglas en inglés), de la Unesco, y se relacionan con el estándar de competencia para docentes denominado "Elaboración de proyectos de aprendizaje integrando el uso de las tecnologías de la información y comunicación" (2008), diseñado por el Comité de Gestión de Competencias en Habilidades Digitales en Procesos de Aprendizaje y con los indicadores de desempeño correspondientes.

Los indicadores de desempeño para los docentes en el uso de las TIC son:

- Utilizar herramientas y recursos digitales para apoyar la comprensión de conocimientos y conceptos.
- Aplicar conceptos adquiridos en la generación de nuevas ideas, productos y procesos, utilizando las TIC.
- Explorar preguntas y temas de interés, además de planificar y manejar investigaciones, utilizando las TIC.
- Utilizar herramientas de colaboración y comunicación, como correo electrónico, blogs, foros y servicios de mensajería instantánea, para trabajar de manera colaborativa, intercambiar opiniones, experiencias y resultados con otros estudiantes, así como reflexionar, planear y utilizar el pensamiento creativo.
- Utilizar modelos y simulaciones para explorar algunos temas.

- Generar productos originales con el uso de las TIC, en los que se haga uso del pensamiento crítico, la creatividad o la solución de problemas basados en situaciones de la vida real.
- Desarrollar investigaciones o proyectos para resolver problemas auténticos y/o preguntas significativas.
- Utilizar herramientas de productividad, como procesadores de texto para la creación de documentos o la investigación; un software para la presentación e integración de las actividades de la investigación, y un software para procesar datos, comunicar resultados e identificar tendencias.
- Utilizar las redes sociales y participar en redes de aprendizaje aplicando las reglas de etiqueta digital.
- Hacer uso responsable de software y hardware, ya sea trabajando de manera individual, por parejas o en equipo.
- Hacer uso ético, seguro y responsable de Internet y herramientas digitales.

Para integrar las acciones para el uso de las TIC, se elaboró la estrategia Habilidades Digitales para Todos (HDT), que tiene su origen en el Programa Sectorial de Educación 2007-2012 (Prosedu), el cual establece como uno de sus objetivos estratégicos "impulsar el desarrollo y la utilización de tecnologías de la información y la comunicación en el sistema educativo para apoyar el aprendizaje de los estudiantes, ampliar sus competencias para la vida y favorecer su inserción en la sociedad del conocimiento".

Durante 2007 se realizó una Prueba de Concepto del Proyecto Aula Telemática en 17 escuelas secundarias, donde se estableció, de manera empírica, que era factible y provechoso el empleo de dispositivos interconectados mediante plataformas interoperables que administraran objetos multimedia de aprendizaje en los niveles del aula, de la escuela y del servicio educativo en su conjunto.

En una segunda etapa, y al concluirse de manera anticipada los contratos de Enciclomedia en secundaria, el Consejo Nacional de Autoridades Educativas (Conaedu) acordó impulsar un modelo integral de uso de las tecnologías que incluyera objetos de aprendizaje multimedia, equipamiento, conectividad, acompañamiento y redes de aprendizaje, en el marco de la estrategia Habilidades Digitales para Todos. El aula telemática se puso a prueba en 200 secundarias para estudiar un modelo educativo con herramientas y sistemas que tuvieran esa visión integral, durante el ciclo escolar 2008-2009.

A partir de los resultados del Estudio de Fase Experimental del Proyecto Aula Telemática se realizaron las siguientes acciones:

- Ajuste del modelo educativo con materiales educativos digitales interactivos, materiales descompilados de Enciclomedia y modelos de uso didáctico.
- Definición de tres modelos de equipamiento tecnológico: el modelo Aula de Medios para el Segundo periodo escolar; el modelo Aula Telemática 1 a 30 para el Tercer periodo escolar, y el modelo Aula Telemática 1 a 1 para el Cuarto periodo escolar.
- Integración de una estrategia de acompañamiento que incluye la capacitación y la certificación de las competencias digitales docentes con una Norma Técnica de Competencia Laboral, desarrollada con el Consejo Nacional de Certificación de Competencias Laborales (Conocer), la Dirección General de Materiales Educativos (DGME), la Dirección General de Educación Superior para Profesionales de la Educación (DGESPE), el Sindicato Nacional de Trabajadores de la Educación (SNTE), Certiport, CISCO, Hewlett Packard (HP), Integrated Electronics Inc. (Intel), International Society for Technology in Education (ISTE, por sus siglas en inglés), Microsoft, y la United Nations Educational, Scientific and Cultural Organization (Unesco).

Los estudios demostraron que un módulo esencial en el uso de la tecnología en la escuela es la conectividad de los centros escolares a enlaces de alto desempeño. En este sentido, la inversión del gobierno federal se orientó a habilitar comunidades educativas en las escuelas que sentarán las bases para el logro de los Estándares de Habilidades Digitales y la creación de redes de aprendizaje de maestros y alumnos. Las bases de este proyecto son las redes estatales de educación, salud y gobierno, que impulsa la Secretaría de Comunicaciones y Transportes (SCT), con el apoyo de la SEP y los gobiernos estatales.

Esta forma de promover el desarrollo de Estándares de Habilidades Digitales difiere de la manera en que operan en otros países; por ejemplo, en Asia o América. En México se optó por un mayor equipamiento y conectividad de escuelas, a la vez de desarrollar un modelo pedagógico para la formación y certificación docente (acompañamiento)

y propiciar el diseño instruccional a partir de los programas de estudio y módulos de gestión escolar en línea.

En el mismo sentido, operan otros programas de equipamiento a escuelas públicas de Educación Básica promovidos por asociaciones no gubernamentales. Tal es el caso de la Unión de Empresarios para la Tecnología en la Educación Asociación Civil (UNETE). Desde su fundación, UNETE ha instalado aulas de medios en escuelas de Educación Básica a lo largo del país, con computadoras y conectividad, acción que continúa desde 2009, pero con la aplicación de los criterios técnicos y pedagógicos del Programa Habilidades Digitales para Todos.

Así, por una parte el equipamiento UNETE supone, además, la atención a las escuelas con el programa "Fortalecimiento Escolar" –de la misma asociación–, que consta de cuatro ejes estratégicos que contribuyen a promover el aprendizaje y el desarrollo de habilidades digitales, y son: Acompañamiento, Trayecto Formativo para docentes, Comunidad UNETE, y Evaluación. Por otra parte, el equipamiento UNETE comprende la plataforma tecnológica del Programa Habilidades Digitales para Todos, y el acceso a los portales de este programa, así como a los bancos de materiales educativos digitales y a los procesos de capacitación y certificación de las habilidades digitales de docentes y directivos.

De esta manera, ambas estrategias (UNETE y el Programa Habilidades Digitales para Todos) se complementan y fortalecen mutuamente. Desde su fundación, UNETE ha equipado más de 6 000 escuelas en todo el país, beneficiando a casi dos millones de alumnos y 83 000 docentes por ciclo escolar.

Los esfuerzos realizados y las metas que deben alcanzarse son de mediano y largo plazos, por lo que, con base en esto, es necesario que en los siguientes cinco años las autoridades federal y locales doten al sistema y a las escuelas de la infraestructura necesaria para el logro de los Estándares de Habilidades Digitales.

En suma, la estrategia HDT considera los siguientes componentes:

- Pedagógico. Comprende el desarrollo de materiales educativos: objetos de aprendizaje, planeaciones de clase sugeridas y reactivos que faciliten el manejo de los estándares planteados en los programas de estudio.
- Gestión. Su objetivo es organizar, sistematizar y compartir la información en el programa HDT (aula, escuela, estado y federación).
- Acompañamiento. Su propósito es apoyar a los maestros, resolver sus dudas y orientarlos para el mejor aprovechamiento de la tecnología en el entorno educativo.
- Incluye todos los esfuerzos de formación en el uso de tecnologías en la educación y la certificación.
- Conectividad e infraestructura. Considera todo el equipamiento, la conectividad y los servicios necesarios para que las aulas operen correctamente, y favorece un mayor nivel de interacción niño-computadora para avanzar en la disminución de la brecha de acceso a la información.

5. La Tecnología de la Informática aplicada en el aula

La tecnología ha modificado paulatinamente los conocimientos para todas las áreas de conocimiento. Con la incorporación de la computadora en la educación, los docentes se enfrentan el reto de desarrollar su labor en la educación para dar respuesta a las demandas crecientes en el conocimiento de las tecnologías y facilitar el acceso a la información.

A través de los elementos teóricos de diversas experiencias tecnológicas y sus aplicaciones didácticas en las aulas, concatenados los fundamentos pedagógicos con el uso de las tecnologías que le permite realizar prácticas novedosas atractivas. Para un mejor aprendizaje, sin perder de vista las características de los alumnos en cada grupo en el interior del aula.

Esto nos permite eliminar o disminuir procesos rutinarios coadyuvando así a elevar la calidad en la educación básica.

En el ámbito de la educación el uso de las tecnologías se ha convertido en uno de los requerimientos básicos para el desarrollo de los procesos de enseñanza aprendizaje aunado con y el vertiginoso avance tecnológico.

Implica una reflexión profunda de aquellos que la emplean en el ámbito escolar, ya que cuando un docente se pregunta cómo incorporarla en su aula y cuestionar cómo realiza su práctica docente. Un compromiso, tanto a docentes como alumnos, reconozcan que una forma se encuentra a través de la educación continua, el aprendizaje nunca terminan, están obligados a buscar espacios como los cursos a distancia y/o en línea, materiales y sugerencias didácticas, fuentes y bases de información; toda una gama de oportunidades para cumplir con la preocupación de mantenerse en constante aprendizaje.

Debido a lo anterior, requiere crecer y formar personas capacitadas que coordinen y orquesten las oportunidades que se ofrecen a los personas interesadas deberán afrontar el reto de la transformación de la educación; además de conocer el funcionamiento de los espacios escolares, deberán capacitarse en toda la gama del uso de la tecnología en la educación: conocimiento de corrientes educativas y el uso de las telecomunicaciones.

BIBLIOGRAFÍA

- 📖 Secretaria de Educación Pública. (1993) Plan de Estudios 1993. Educación básica, Comisión Nacional de Libros de Texto Gratuitos, México, 1a.
- 📖 Secretaria de Educación Pública. (2006) Plan de Estudios 2006. Educación básica, Comisión Nacional de Libros de Texto Gratuitos, México, 1a.
- 📖 Secretaria de Educación Pública. (2011) Plan de Estudios 2011. Educación básica, Comisión Nacional de Libros de Texto Gratuitos, México, 1a.

CAPÍTULO IV

LA INFORMÁTICA DEL SOFTWARE EN EL AULA

El nacimiento de la ciencia fue la muerte de la superstición
Thomas Henry Huxley

1. El software aplicado en el aula

El impacto que han tenido en la educación los avances de la tecnología en software han propiciado una mayor interacción entre aprendizaje docente-alumno que son aplicados en la enseñanza dentro de la educación.

La llegada de la informática a las escuelas ya implica nuevos modos de aprendizaje, la informática requieren que el docente tenga conocimiento de las herramientas y este dispuesto a utilizarlas eficientemente los recursos para cada una de las asignaturas. Aprovechando al máximo recursos de cómputo disponibles de la escuela. Tenemos como ejemplos los siguientes:

a) Los software de captura.

✓ **El procesador de textos Word.-** se utilizan sus funciones más generales, como por ejemplo: seleccionar fuentes y formatos, incluir tablas e imágenes en los documentos y utilizar el corrector de ortografía y gramática. Es muy escasa la utilización de hipervínculos, ya sea referenciando a segmentos del mismo documento o a documentos externos.

✓ **La hoja de cálculo Excel.-** utiliza sus funcione para manejar todo tipo de procesos matemáticos como: ecuaciones de primer y segundo grado, algebra matricial, la funciones de geometría analítica, programación con visual básica con macros, ecuaciones diferenciales, trigonometría.

✓ **El PowerPoint.-** se suele usar para construir presentaciones sencillas sobre algún tema especial. En general se utilizan con bastante amplitud los efectos de presentación de títulos, transición entre diapositivas, etcétera.

✓ **El Internet Explorer.-** generalmente se utiliza para entrar en algún buscador, como por ejemplo Google, Yahoo, como así también para ir a algún sitio de Internet recomendado por el docente. El acceso a Internet normalmente se efectúa para recolectar información, necesaria para completar alguna tarea de clase. La búsqueda en discos compactos, también se ubica en este perfil.

✓ **COI. -** Convirtiéndose en el **"primer"** sistema de cómputo administrativo contable enfocado a la pequeña y mediana empresa del país. Como una solución para controlar el ciclo de las operaciones de COMPRA-VENTA de las empresas. Coordinando todo el ciclo comercial, desde el proceso de registro de inventarios, clientes y proveedores, hasta las operaciones de entrada de mercancía al almacén (Compras) y su posterior venta al público (Facturas).Controlando en cada paso, existencias y costos, así como todo el manejo de C x C de Clientes y C x P de Proveedores, obteniendo al final del ciclo, una serie de estadísticas que permiten tener un panorama completo del manejo del negocio.

✓ **NOI.-** Automatiza el control de todos los aspectos de la nómina empresarial, considerando la legislación fiscal y laboral vigente incluyendo los cálculos de: retención de ISR, Subsidio para el empleo, Impuesto local y Subsidio para la nivelación del ingreso de acuerdo con las reformas para la LISR.

b) Los software de diseño

- ✓ **C.A.D. (Diseño Asistido por Computadora).**- Realiza exclusivamente del diseño, tales como el dibujo técnico que abarca, el geométrico, mecánico arquitectónico. En 2D y 3D.
- ✓ **C.A.M. (Manufactura Asistida Computadora).**- Realiza de un diseño desde la computadora o de un archivo generado en C.A.D. hasta la fabricación del objeto.
- ✓ **Solid Works.**- Realiza el diseño mecánico en 3D, como herramienta de diseño asistido por computadora.
- ✓ **CorelDraw**. Realiza de un diseño desde la computadora creaciones en texto en imágenes con efectos enfocados a la publicidad y mercadotecnia.
- ✓ **3D Max.**- Permite la creación de animaciones, logotipos, diseños 3d, imágenes impactantes, así como vistas de diseño para la creación.

c) Los software de programación

- ✓ Los lenguajes de programación son lenguajes creado para comunicarse con las computadoras. Es el conjunto de símbolos y palabras que permiten al usuario de una computadora darle instrucciones y órdenes para que las ejecute.
- ✓ Los lenguajes de programación se han elegido en razón de su disponibilidad (**QBASIC** viene incluido dentro del propio sistema operativo) y facilidad de aprendizaje. **Otros lenguajes, tales como Pascal o C. no se consideran adecuados para este nivel.**

2. La computación como materia en secundaria

El artículo de Pérez, Silvio. **"En la búsqueda de un currículo de Computación"**, acerca de la computación en la educación básica en secundaria.

"Tener una computadora en la escuela ya no es problema para la mayoría de las secundarias en México, algunas de ellas hasta cuentan no solo con una, sino con varias de ellas, formando un laboratorio de computación. La tecnología ha alcanzado y rebasado a la educación, ya que se cuenta con el equipo, pero aún se encuentran discutiendo cual es la mejor manera de emplearlas. Pero la discusión va mas allá de a que materia le es mas apropiado el uso de las computadoras, sino que ninguna se quiere responsabilizar de la tarea de educar al alumno en el uso de este medio tan versátil como es la computadora. Por eso se ha planteado ver el aprendizaje del uso de las computadoras como una materia más con valor curricular para el alumno.

Estudiosos de la computación han diseñado diferentes currículos de computación alrededor del mundo, los cuales han sido aprobados por unos y reprobados por otros, por lo que seria difícil descartarlos sin antes revisarlos, reconocer sus limitantes, y de ahí poder sacar mejor provecho de ellos.

1. El currículo de programación. Cuando se utilizó éste, se basaba principalmente que el alumno debe saber dominar la computadora por medio de la programación en los diferentes lenguajes que en ese tiempo existían. Te enseñaban algoritmos, diagramación, bases de datos, Lenguaje C, etc. La ventaja es que te enseña a ser analítico, buscas la mejor manera de hacer un programa, reducir cantidad de líneas para ahorrar espacio. Desgraciadamente la finalidad de este modelo no se pudo llevar a cabo por la rápida evolución de las computadoras, ya no se requieren programadores sino usuarios, los cuales sepan dominar la computadora desde el aspecto que utilicen correctamente las herramientas del Office, Excel, etc.

2. Currículo de alfabetización en computación. Este currículo reduce al anterior en habilidades de programación, pero agrega a su vez, vocabulario de computación, ética computacional, como trabaja una computadora. Este currículo es demasiado técnico, ya que solo miran el funcionamiento interno de la computadora, pero esto no tiene ningún uso practico.

3. La computadora como herramienta curricular. Aquí se ve a la computadora como una herramienta que extiende el poder intelectual del usuario, facilita el aprendizaje de las

aplicaciones como procesadores de palabra, bases de datos, hojas de calculo, etc., el problema de este currículo, es que el alumno muchas veces no esta preparado para entender como resolver las necesidades que en este momento no tiene. Si no tiene nada que escribir, si no tiene nada que graficar, entonces no va a entender el concepto.

4. Currículo de computación para la solución de problemas. Se puede afirmar que un alumno con habilidades de solución de problemas será una persona independiente. Se espera que dentro de un ambiente computacional el alumno aprenda a resolver problemas, esto le ayudará a desarrollar sus habilidades mentales, para que llegue a pensar como una computadora y pueda resolver problemas en situaciones reales. Un investigador tan importante como Seymour Papert, el inventor del Logo, apoya este tipo de currículo. Papert, no tomó en cuenta que un ser humano se caracteriza por el empleo de los sentimientos en la toma de decisiones, y por lo tanto nunca llegaría a realizar el pensamiento analítico de una computadora.

5. Integración: un modelo curricular evolutivo. Lo que aquí proponen es que se tome, por ejemplo, el currículo de español, y se integre el uso de la computadora sobre este mismo. Así, también se tomarían en cuenta los currículos anteriormente vistos, según en la materia que se apliquen, las destrezas de computación las adquirirían con el uso de la computadora; Matemáticas sería buena materia para adquirir habilidades de programación; Español, sirve para el uso de cualquier procesador de palabras, bases de datos; Formación Cívica y Ética para solución de problemas. Al parecer no es muy conveniente esta forma de aprendizaje puesto que las materias están preocupadas por que el alumno obtenga el conocimiento, y la computadora solo seria un auxiliar, y no explotaría al máximo el potencial de una computadora.

Aspectos que se deben tomar en cuenta para elaborar un currículo de computación

Debemos detenernos a pensar la etapa que está viviendo el estudiante en el entorno social. En la mayoría de las casas ya se cuenta con una computadora, es cierto que no todos los jóvenes tienen una computadora en su casa, pero si es cierto que tienen mayor facilidad de tener una a su alcance, pues los cibercafé abundan en las ciudades, y hay mas facilidad de acceso al Internet.

Hay aspectos que no se deben dejar a un lado por considerarse de poco valor práctico en el estudiante, debemos recordar que los datos históricos le proporcionan bases de aprendizaje, y elevan su nivel cultural. Tal vez lo mas conveniente sea una mezcla de cada uno de los currículos manejados nos permita acercar al joven al mundo de la computación, pero también enfocarse a las necesidades de la sociedad actual, que es el manejo de grandes volúmenes de información.

Debemos Poner al alcance del adolescente programas de computadora que lo atraigan de manera positiva, y que su interés no solo sea para juegos e Internet, sino que aprenda el uso efectivo de la computadora de la manera más divertida.

Por lo tanto al introducir las computadoras a la escuela debemos buscar desarrollar sus habilidades, que ellos la miren como parte de sus herramientas diarias de trabajo, no solo de recreación, sepan utilizarla adecuada y responsablemente, tengan un documento validado por la SEP que respalde sus conocimientos que les abra las puertas en el campo laboral.

Definitivamente el campo de las computadoras es demasiado amplio, por lo que seria casi imposible tratar de abarcarlo todo, pero, sí podemos ver los aspectos mas importantes de cada una de todas las ramificaciones que tiene, para que el alumno se vaya interesando por alguna, y así colaborar con el granito de arena que nos obliga a los maestros a dar, crearle un interés por continuar sus estudios, profundizar en la especialidad técnica o profesional que le haya logrado interesar gracias a el conocimiento que le impartimos"

De lo anterior el documento sucedió de manera similar en los planes y programas de estudio de educación básica secundaria, como en el caso del proyecto COEBBA, la describe como materia incluida en la *currícula o curriculum* en la enseñanza de la programación y la mejor manera de hacer un programa, por desgracia se pudo llevar a cabo por la rápida evolución de los sistemas operativos MS-DOS, OS-2, DR-DOS, etc., pasaron a ser obsoletos para con el lanzamiento de los "Windows 95", posteriores hasta llegar al "Windows 7" actualmente utilizado y el próximo lanzamiento de "Windows 8". A partir de ese momento, ya no se requieren programadores sino usuarios, los cuales utilicen correctamente las herramientas del Office que son: Word, Excel, Power point, etc. Para el diseño grafico Corel Draw. Para el diseño industria y de arquitectura se tiene el AutoCad es un programa para dibujar piezas mecánicas y planos arquitectónico. También la existencia de programas más específicos. Tenemos el ArchiCad para dibujar edificios, casas, todo relacionado a la construcción. El Mechanical y Solid Works para dibujar todo lo relacionado con el área metalmecánica o manufactura. Son ampliamente utilizados en sus respectivos campos. El AutoCad es un programa estándar de mayor difusión en todo el mundo por su flexibilidad de dibujar casi cualquier clase de dibujo en 2D y 3D. Este último lo abordaremos más adelante con mayor amplitud y su aplicabilidad en la educación básica (secundaria).

3. El software aplicado en la asignatura de matemáticas

Para contribuir a la modernización y mejoramiento de la enseñanza al incorporar las técnicas del procesamiento electrónico en el tratamiento de la información por medio de las computadoras electrónicas, una herramienta versátil y flexible para elaborar materiales gráficos e informes técnicos, también requiere de realizar cálculos matemáticos para resolver problemas para ello está la hoja de cálculo **Excel**. Para realizar cálculos matemáticos para resolver problemas, y para ello también existen software que contienen poderosas herramientas de cálculo matemático y que además ofrecen amplias capacidades para generar gráficos como: **MATLAB, MATEMATICA, MATHCAD MAPLE**.

Otra introducción en esta asignatura el proyecto Enseñanza de las Matemáticas con Tecnología (EMAT). En 1997, se puso en marcha esta innovación educativa, utilizando varias herramientas tecnológicas en programación computacional con el lenguaje **Logo** para la construcción de un aprendizaje matemático. Busca mostrar que es factible aprovechar, apoyadas en un modelo pedagógico que permita construir ambientes de aprendizaje apropiados para enriquecer y mejorar la enseñanza actual de las matemáticas en la educación básica (secundaria).

El **CABRI II y CABRI 3D**, Creado en 1980 por Jean Marie Laborde y Franck Bellemain, que permite "hacer geometría dinámica" permite experimentar, analizar situaciones geométricas de muy diversos tipos, el comprobar resultados, inferir, refutar y también demostrar.

Permite dibujar lugares geométricos y envolventes a familias de curvas. Permite animaciones y construir graficas de funciones asociadas a problemas a problemas geométricos y es muy interesante para familiarizar a los alumnos con el concepto y con la grafica de una función. En Noviembre de 2000 están disponibles en Internet con carácter gratuito unas aplicaciones llamadas WWW.CabriWeb.bat y WWW.CabriWeb.Jar que permiten elaborar materiales interactivos (applets) que se pueden colocar en una Web, en un servidor de una red local t también en computadoras aisladas.

Abordando los contenidos de esta asignatura, los conocimientos adquiridos por el alumno serán reforzados con series de problemas que serán resueltos como práctica en el aula de cómputo por ellos mismos

4. El software aplicado en la asignatura tecnológica

La computadora se ha convertido, sin duda, en elemento imprescindible en el proceso de enseñanza-aprendizaje relacionada con la ciencia y la tecnología. Se utilizará, principalmente, para actividades concretas y puntuales como la elaboración de trabajos escritos, realización de cálculo para resolver problemas matemáticos, la preparación de presentaciones y exposiciones orales, además del diseño grafico, industrial y arquitectónico.

Los conocimientos y habilidades adquiridos por los alumnos para desarrollar las capacidades y la creatividad, siempre como una herramienta utilizada en trabajo cooperativo, ya sea en parejas o grupos, a lo largo del proceso de aprendizaje.

Otra herramienta que ha cobrado gran importancia es el Internet es una ventana al mundo de la información que, desde luego, resulta imprescindible conocer hoy en día. Para el ambos aporta innumerables posibilidades relacionadas con su campo de estudio, ya que le permite acceder a catálogos de bibliotecas, revistas electrónicas, páginas especializadas en las épocas o autores que estudie e incluso la lectura de textos originales y la descarga de software gratuitos, video conferencias en tiempo real sin importar la distancia, todo lo anterior es la llamada informática.

En lo que respecta a la asignatura tecnología que emplea el dibujo técnico, se hace la referencia al desarrollo de actividades interesantes para los alumnos, para que favorezca la comprensión y la práctica, a partir de los conocimientos previos de los cursos anteriores y aunados a los temas nuevos que complementen su formación académica. De los que se mencionan los siguientes: **CorelDraw**, **3D Max.** Relacionado al diseño grafico permitiendo desarrollar la creatividad en los alumnos en la elaboración de carteles, folletos, catálogos con el propósito de promover o dar a conocer un producto o un evento.

En lo que respecta a la utilización de sistemas **CAD** o mejor conocido comercialmente como **AutoCad,** se encuentra cada vez más extendida en la industria. Entre sus principales ventajas podemos citar la interactividad y facilidad de crear nuevos diseños, la posibilidad de simular el comportamiento del sistema antes de la construcción del prototipo modificando, si es necesario, sus parámetros, la generación de planos con todo tipo de vistas, detalles y secciones y la posibilidad de conexión con un sistema de fabricación asistida por computadora para la mecanización automática de un prototipo. Enfocado al diseño industrial, arquitectónico y lo que se relaciones con el dibujo técnico.

BIBLIOGRAFÍA

📖 Azimianm H., Breta, Álvarez. *Tecnología informática en la escuela*, Cuaderno Nro. 5, AZ Editora, Argentina.

📖 Bossuet, G. (1986), *La computadora en la escuela*, Paidós Educador.

📖 Carrillo Calderón, Loriane. (2007). Tecnología de la información y comunicación aplicadas a la educación básica. Monografía que para obtener el Titulo de Licenciado en Sistemas Computacionales Administrativos, Faculta de Contaduría, Administración y Sistemas Computacionales y Administrativos, Universidad Veracruzana, Veracruz, México.

📖 *Enciclopedia Fronteras de la ciencia,* de Viscontea.

📖 *Enciclopedia de la Microcomputación. Teoría y práctica*, Compuclub, Intermedio Editores.

📖 Enciclopedia de la informática de los microordenadores y ordenadores personales, Ediciones Forum.
PEREZ, Silvio. "En la búsqueda de un currículo de Computación", *Coordinador Regional Futurekids, Carabobo, Venezuela, Revista Contexto Educativo, Año III No. 18, Disponible en:* http://contexto-educativo.com.ar/2001/4/nota-07.htm
Proyecto *COEEBA*-SEP. Taller de Informática. Enseñanza de *historia* de esta, la forma en que trabajan y su importancia en que se daba por hecho. Formato de archivo: PDF/Adobe Acrobat http://tyce.ilce.edu.mx/tyce/6/Tecycomeduno06_a06.pdf

📖 Wong de la Mora, Sergio (2002). Hipermedia en la Educación "Un nuevo paradigma educativo de aprendizaje para los estudiantes de trabajo social". Tesis de Maestría en Ciencias, Área: Tecnología y Educación, Facultad de Telemática, Universidad de Colima, Colima, México.

CAPÍTULO V

USO DE LA TECNOLOGIA EN EL AULA EN LA ENSEÑANZA DEL CAD

No basta tener buen ingenio;
Lo principal es aplicarlo bien.
René descartes

1) Introducción

La incorporación de la computadora en la educación básica en el proceso de enseñanza-aprendizaje, en un abanico de recursos útiles y necesarios para la practica del dibujo por medio de la computadora que sustituye el restirador, escuadras lápices, estilógrafos y los obstáculos y limitaciones para su realización, con las tediosas tareas de trazos, borrones, manchones de tinta, el empezar un nuevo plano al requerirse ajustes o modificaciones en el diseño original. Con el consecuentes dolores de cabeza y espalda ante los cambios inesperados.

El dibujo por computadora permite ordenar y procesar la información conforme a las características del diseño de una pieza mecánica o una planta arquitectónica. Una vez realizado, es archivado para ser utilizado las veces que sea requerido, modificarlos en un sin numero veces y nuevamente guardarlo o de ser necesario imprimirlo.

Igual que ha sucedido con los procesadores de texto y la máquina de escribir, el diseño asistido por computadora (CAD) ha acabado con las mesas de dibujo, el papel y las reglas.

En este capitulo se menciona el dibujo asistido por computadora desde sus inicios hasta este momento.

Como es evidente el impacto en los avances de las computadoras a través de softwares que son aplicados en la enseñanza dentro de la educación que han propiciado una mayor interacción entre aprendizaje-docente-alumno ocupa un lugar importante en la impartición del dibujo por computadora que permite ubicar su espacio geométrico al inicio tienen dificultades al realizar en una simple hoja de papel. Así mismo al mencionarlo, efectivamente no tiene idea de que se trata y surge la pregunta: **¿Qué es el CAD?** El concepto de "Diseño Asistido por Computadora" (CAD-Computer Aided Design), representa el conjunto de aplicaciones informáticas que permiten a un diseñador "definir" el producto a fabricar.

En un programa de delineación y dibujo de detalle 2D y diseño 3D utilizado por la mayoría de diseñadores y proyectistas en el mundo entero. Uno de los mas utilizados el **AutoCAD** diseñado por Autodesk, debido a su gran numero de funciones y mejores que se le han presentado a través de todos sus actualizaciones.

2) Origen del dibujo incorporado a la computadora

El Dibujo, adquiere una nueva dimensión con el desarrollo de la **Informática o Computación,** lo que sin lugar a dudas lo que se utiliza hoy en día, entiéndase por Informática, **(del francés informatique**; compuesto de **information** y **automatique)** el conjunto de conocimientos científicos y técnicos que se ocupan del tratamiento de la información (visual o sonora) por medio de computadoras u ordenadores electrónicos.

La era informática ha evolucionado en todas las áreas del conocimiento y en el caso del dibujo no ha sido la excepción, incorporando la computadora. Morciego (2002) identifica como se incorpora ambos: la *simbiosis** Dibujo + Computación trajo al mundo de las manos de Ivan E. Sutherland en 1962, el primer programa de Gráficos por Computadora u Ordenador, nacía así la "Informática Gráfica", en el Instituto de Tecnología de Massachusetts (MIT). Controlado por la computadora "**WHIRLWIND I**" para la generación de imágenes graficas. Fue el inicio de la tecnología de los **CRT** (tubo de rayos catódicos), utilizados en los monitores y en los televisores, empleados durante varias décadas hasta con la aparición de las **pantalla de cristal líquido** o *LCD*.

Este fue muy importante para Castelltort (1989), el tratamiento de la información, pero no se construyó el inicio del Diseño Asistido por Ordenador o Computadora (CAD), ya que la potencia y la velocidad de las computadoras, además de la falta de otros periféricos, no permitían ninguna aplicación en este sentido.

En ese mismo año de 1962 aconteció un evento innovador para el nacimiento del CAD. Realizado en el prestigioso MIT, la presentación de la tesis doctoral con el titulo:

"A MACHINES GRAPHICS COMUNICATIONS SYSTEM"

En ella se establecieron las bases de los gráficos interactivos por computadora tal como los conocemos hoy. El programa Sketchpad permitía dibujar por ejemplo un tornillo, mediante un lápiz óptico que introducía las coordenadas, y completaba el dibujo mediante formas geométricas denominadas primitivas (líneas, arcos, circunferencias, polígonos), que podía modificar. Este programa puede considerarse el primer programa de CAD, de allí que se considere a Sutherland el padre de los gráficos informáticos, en realidad él fue mucho más allá al desarrollar el primer dispositivo de visualización de Escenas Virtuales.

En 1974 en la Universidad de Utah se creo el primer centro de investigaciones de la informática aplicada a la creación de imágenes en 3D, encabezado por David Evans y E. Catmull entre otros. Catmull desarrollo los conceptos de:

3DFACE.- Permite definir una superficie triangular o cuadrangular en el espacio, esto es con diferentes valores en Z para cada uno de sus vértices.

3DLINE.- Esta orden actúa con la línea, pero al igual que la anterior también permite definir valores para la coordenada Z de sus puntos extremos. El resultado es la posibilidad de dibujar por ejemplo, un segmento desde el punto (2, 4, 6) al (4, 3, 9) de la versión 10 en adelante es posible que en comparación con las versiones anteriores fuera imposible dibujarlo con el comando LINE.

En 1975 los estudios se centraron en la generación de imágenes de superficies curvas generales sin ecuación matemática, por lo que James Blinn abordo las técnicas de "Modelado de Superficies", a partir de Wireframe (estructura de alambre) y que luego recubría con texturas para darles apariencia real, esto dio a B.T. Phong la oportunidad de crear el algoritmo de iluminación que lleva su nombre, los estudios y avances en esa dirección continuaron diversificándose y creciendo de forma exponencial hasta lo que vemos hoy.

En la década de los ochenta con la aparición de las computadoras personales con mejores microprocesadores. Los sistemas CAD posibilitaron la realización de tareas sin mucha inversión abriendo las puestas para la utilización de sistemas más potentes.

En la década de los noventa en los países europeos tomo mayor fuerza y expansión en el mundo industrial mejorando su competitividad en el mercado. Resultando imposible competir con otro si carece de un sistema CAD en su proceso productivo.

3) El diseño asistido por computadora

Es desarrollado por primera vez en la década de los sesentas. Sin embargo, había muy pocos usuarios CAD al principio por que estos eran muy costosos y difíciles de utilizar. Las computadoras que ejecutaban los programas CAD eran grandes maquinas voluminosas y costosas que ocupaban habitaciones completas. Gracias a la evolución de las computadoras, CAD se volvió más fácil de utilizar y más accesibles para usuarios con computadoras comunes y corrientes.

El DAC-1 fue de los primeros sistemas **CAD** (acrónimo de Computer Aided Design, es decir, Diseño Asistido por Computadora). El DAC-1. Fue utilizado para el diseño de vehículos, siendo la industria automovilística la potenciadora y diversificadora de esta tecnología, pero sin dudas, el surgimiento del entonces AutoCad, fue lo que revolucionaria el Diseño Asistido por Computadora, hasta el punto de que algunos se confunden y creen que la tecnología CAD es solo AutoCAD. Sin lugar a dudas es hoy día el más conocido de los sistemas. Su origen se remonta en la entonces empresa Suiza Autodesk A.G., en Noviembre de 1982 la empresa Autodesk presentó su primera versión en la feria COMDEX de Las Vegas en la feria de electrónica en programa de diseño asistido por computadora (Computer Aided Design).

Este podía ejecutarse en sistemas IBM XT con 540 K de RAM y para MS-DOS. Las primeras versiones eran simples herramientas para generar dibujos bidimensionales básicos. Además, eran demasiada lenta e incorporaban solo lo más básico para incorporar bocetos que permitía hacer diseños en 2D, pero poco más. Autodesk lo lanzó al mercado en cuanto tuvo la funcionalidad esencial, para comprobar si existía un mercado de CAD para computadoras personales. Poco a poco las prestaciones fueron mejorando, aparecieron otros programas de CAD para computadoras personales y cada vez fue más habitual encontrar a un arquitecto o un ingeniero manejando la computadora.

De la primera versión se hicieron tres actualizaciones, la versión 2.0 salió en Octubre de 1984 y en la revisión 2.1 de Mayo del 85, se introdujeron algunas posibilidades del diseño en 3D, denominadas por Autodesk como "Diseño en dos dimensiones y media", junto a un lenguaje de programación completo para AutoCAD, denominado AutoLISP.

En 1987 Autodesk es comprada por los norteamericanos, esta ocasión es aprovechada para presentar la versión 9 del programa, saltando en la numeración para mostrar la cantidad real de versiones lanzadas al mercado. Esta versión incrementó notablemente su velocidad y presentación con interface amigable al usuario.

En Octubre de 1988 apareció la versión 10 con capacidad total de dibujo en 3D, convirtiéndose en uno de los más populares y respetables del mercado. La versión 11 de 1990 no causó gran expectativa y la 10 se continuó usando por la mayoría, hasta el 92 en que sale la Versión12 y desplaza a todas al introducirse en la tecnología CAD/CAM y los Sistemas de Gestión Geográfica. **GIS**, también se le incorporó un módulo de presentación para dar una mejor apariencia más realísta (Render), la versión 13 incorporó el AutoSurf y aplicaciones compatibles con el 3D Studio.

La versión 14 salida en 1997 convirtió al AutoCAD en el más sofisticado, rápido y potente de todos los sistemas CAD para el ámbito ingeniéril, con avanzadas herramientas de productividad. Las operaciones de visualización y las funciones de edición como seleccionar, copiar y desplazamiento, también son más rápidas. La racionalización de muchas prestaciones hace que funcione según demanda, reduciendo la sobreutilización de la memoria. Añade nuevas capacidades de presentación realística con herramientas de sombreado de Phong y Gouraud así como funciones de modelado de sólidos. Incorpora un editor de textos que facilita aún más las anotaciones en los dibujos con el editor TEXTOM de soporte tipográfico TrueType ampliado con presentación de interfaz en ambiente Windows. Con una larga trayectoria cada vez con nuevas utilidades y características en cada una de 28 ediciones. Ha evolución y desarrollo de las aplicaciones han estado íntimamente relacionados con los avances del sector informático. Hay que destacar el enorme interés en el sector productivo y el impacto en las grandes empresas desde el principio han apostado por el CAD y ello importantes inversiones, que lo convierten en un producto estratégico en el mercado cada vez más demandante por lo nuevo y lo novedoso en todo lo relacionado a la informática. A continuación mencionamos la cronología del programa o software del diseño asistido por computadora:

- Versión 1.0 (Reléase 1), noviembre de 1982.
- Versión 1.2 (Reléase 2), abril de 1983.
- Versión 1.3 (Reléase 3), septiembre de(1983)
- Versión 1.4 (Reléase 4), dos meses después
- Versión 2.0 (Reléase 5), octubre de 1984.
- Versión 2.1 (Reléase 6), mayo de 1985.
- Versión 2.5 (Reléase 7), junio de 1986.
- Versión 2.6 (Reléase 8), abril de 1987.
- Versión 9, septiembre de 1987, el primer paso hacia Windows.
- Versión 10, octubre de 1988, el último AutoCAD conmensurable

- Versión 11, 1990
- Versión 12, junio de 1992. Para Windows y MS-DOS
- Versión 13, noviembre de 1994, para Windows
- Versión 14, febrero de 1997, para Windows, adiós al DOS.
- Versión 2000, año 1999.
- Versión 2001, año 1999.
- Versión 2002, año 2001.
- Versión 2004, año 2003.
- Versión 2005, año 2004.
- Versión 2006, año 2005.
- Versión 2007, año 2006.
- Versión 2008, marzo de 2007.
- Versión 2009, febrero de 2008.
- Versión 2010, marzo de 2009.
- Versión 2011, abril de 2010.
- Versión 2012 marzo de 2011
- Versión 2013 mayo de 2012

La evolución del CAD incluirá la integración aún mayor de sistemas de realidad virtual, que permitirá a los diseñadores interactuar con los prototipos virtuales de los productos mediante la computadora, en lugar de tener que construir costosos modelos o simuladores para comprobar su viabilidad. También el área de prototipos rápidos es una evolución de las técnicas de CAD, en la que las imágenes informatizadas tridimensionales se convierten en modelos reales empleando equipos de fabricación especializada, como por ejemplo sistema de control numérico computarizado (CNC), la llamada manufactura asistida por computadora (CAM). Que actualmente se ha fusionado se le conoce como "CAD/CAM". Que en su momento se mencionara con más detenimiento. Solo no avocaremos al dibujo asistido por computadora.

Gracias a la facilidad de obtener una computadora personal, cualquier persona puede utilizar el AutoCAD como una forma de comunicar ideas. AutoCAD se convirtió en una herramienta que todos pueden obtener y usar.

a) Ventajas del AutoCAD.

La versatilidad del sistema lo ha convertido en un estándar general, sobretodo porque permite:

- Dibujar de una manera ágil, rápida y sencilla, con acabado perfecto y sin las desventajas que encontramos si se ha de hacer a mano.
- Rápida producción de dibujos.- Un dibujo en AutoCad es más rápido que un dibujo en el restirador.
- Mayor precisión en los dibujos.- En el dibujo convencional la precisión depende de la habilidad y vista del dibujante y los lápices utilizados. Un dibujo en AutoCad tiene una posición exacta, en cualquier parte del dibujo se amplia para mostrar con todo detalle y altamente precisos.
- No se requiérela repetición de dibujos.- Una vez realizado, este puede ser archivado, para ser utilizado en el futuro cuando se requiera realizar otro con características similares, puede ser llamado para copiarlo o modificarlo según sea requerido.
- Permite intercambiar información no solo por papel, sino mediante archivos, y esto representa una mejora en rapidez y efectividad a la hora de interpretar diseños, sobretodo en el campo de las tres dimensiones. Con herramientas para gestión de proyectos podemos compartir información de manera eficaz e inmediata. Esto es muy útil sobretodo en ensamblajes, contrastes de medidas, etc.
- Es importante en el acabado y la presentación de un proyecto o plano, ya que tiene herramientas para que el documento en papel sea perfecto, tanto en estética, como, lo más importante, en información, que ha de ser muy clara. Para esto tenemos herramienta de acotación, planos en 2D a partir de 3D, cajetines, textos, colores, etc...

Un punto importante para AutoCAD es que se ha convertido en un estándar en el diseño por ordenador o computadora debido a que es muy versátil, pudiendo ampliar el programa base mediante programación (Autolisp, DCL, Visual Basic, etc.).

4) La incorporación a la asignatura tecnológica el uso del "AutoCad"

a) Fundamentación de la signatura.

Una de las actividades más importantes del diseño industrial y arquitectónico, tiene como base el dibujo. En la actualidad el realizar todo trabajo sobre papel tiene un costo a la mínima modificación involucra un dibujo completamente nuevo. Con la utilización de las computadoras, costos en calidad de presentación y muchas otras características tendieron a mejorar a favor del usuario. El dibujo convencional la precisión depende mucho de la habilidad, vista del dibujante y los lápices utilizados. Si comparamos un dibujo en AutoCad tiene una posición exacta, mayor amplitud para mostrar con todo detalle y altamente precisos. Es más rápido que el realizado en el restirador o tablero de dibujo. Una vez terminado en su totalidad, este se guarda en un archivo con el propósito para ser utilizado las veces que sean requeridos para modificarlo, copiarlo, imprimirlo según sea requerido.

El AutoCad facilita con rapidez y eficiencia gracias al conjunto de herramientas con una funcionalidad superior para el desarrollo de proyectos tanto industriales como arquitectónicos.

La amplia gama de medios tecnológicos que actualmente se utilizan en la educación ocupa un lugar importante basándose en las computadoras, estás poseen un potencial para mejorar y enriquecer en el plano educativo. Las computadoras tienen influencia en la enseñanza bajo dos condiciones:

- 💻 **Curricular**
- 💻 **Aprendizaje**

Ambos tienen la intención de reforzar la educación creando en los alumnos más activos en la búsqueda de información y permitiendo al docente una enseñanza más flexible e interactiva. Esta propuesta metodológica de enseñanza basada en la aplicación de este software para lograr un incremento en la calidad en el aprendizaje en los alumnos de educación secundaria. Complementar con este recurso a la clase tradicional que se imparte en las aulas. Un excelente apoyo en donde la combinación de métodos (tradicional-tecnológico) vendrá a fortalecer el aprendizaje, propiciando con esto el lograr de alumno más integral y acorde a una realidad donde las exigencias hoy en día son mayores. Como toda disciplina es fundamental en la formación para los alumnos, que pretende desarrollar sus capacidades de crear sus diseños a partir de la información obtenida por ellos mismos o sugerido por el docente permitiendo incrementar su creatividad para lograr un proceso mental, en los alumnos que deben conocer y aplicar las herramientas en el dibujo por computadora. Debido a la naturaleza de la materia se inicia con sesiones guiadas y posteriormente con prácticas individuales y en equipo con el propósito de elaborar sus propios proyectos.

En este proyecto es la incorporación en la educación básica en secundaria, además de señalar sus aspectos que tienen que ser necesariamente tomando en cuenta para llevar a cabo el proceso de enseñanza-aprendizaje, sea significativo, haciendo hincapié que los recursos son útiles y/o necesarios para la practica del diseño industrial y arquitectos, es el AutoCad es el mas propio y sustituye el restirados, escuadras, lápices estilógrafos, etc., etc. Haciendo realidad el proyecto sin lidiar los obstáculos presentados con las limitaciones del tablero. Sin las tediosas tareas de trazos, borrones, manchones de tinta, el empezar de nuevo cuando se realiza modificaciones o ajustes posteriores una vez concluido en su totalidad. Con los consecuentes dolores tanto de cabeza como de espalda y la resignación frente a un resultado inesperado.

Para los que inician a dibujar, el nombre de AutoCad no les dice nada, como todo sistema informático destinado a asistir al diseñador en sus aquellos trabajos específicos del dibujo técnico.

Autocad permite ordenar y procesar la información conforme a las características del objeto material. En el caso de una pieza mecánica y planta arquitectónica.

Citando a Paulo Freire:

> "La verdadera lectura me compromete de inmediato con el texto que se me entregan y al que me entrego y de cuya comprensión fundamental también me vuelvo sujeto.

Al leer no estoy en el puro seguimiento de la inteligencia del texto como si ella solamente producción de su autor o de su autora. Por eso mismo, esta forma viciada de leer no tiene nada que ver con el pensar acertadamente y con el enseñar acertadamente.

El docente que piensa acertadamente deja vislumbrar a los educandos que una de las bellezas de nuestra manera de estar en el mundo y con el mundo, como seres históricos, es la capacidad de, al intervenir en el mundo, conocer el mundo. Pero histórico como nosotros, nuestro conocimiento del mundo tiene historicidad. Al ser producido, el nuevo conocimiento supera a otro que fue nuevo y envejeció y se "dispone" a ser sobreasado por otro.

Enseñar, aprender e investigar lidiar con esos dos momentos del ciclo gnoseológico: aquel en el que se enseña y se aprende el conocimiento aun no existente. La "dodiscencia" –docencia-discencia- y la investigación, indivisible, son así practicas requeridas por estos momentos del ciclo gnoseológico".

El desarrollo de la educación y la tecnología exigen a las instituciones educativas y en especial en la educación básica secundaria modifica substancialmente, a través de los cuales maneja su proceso de información, sus esfuerzos docentes, de investigación y de organización.

La asignatura de cómputo contribuye a la modernización y mejoramiento de la enseñanza al incorporar las técnicas del procesamiento electrónico de datos a la curricular integrado así, una herramienta versátil y flexible al ambiente educacional.

La asignatura de computo esta concebida para ayudar a los estudiantes sin experiencia en computo a aprender mientras realiza ejercicios.

La importancia de la asignatura de cómputo posibilita a los participantes a desarrollar la capacidad de comprender y manejar los problemas que plantea el desarrollo científico y tecnológico en la actualidad.

b) El Internet un recurso didáctico para el docente

Una herramienta que ha cobrado una gran importancia es el internet que permite la comunicación de forma directa con una infinidad de computadoras intercambiando información. Nos permite tener acceso a base de datos, una variedad de temas, consultas de catálogos, bibliotecas virtuales en tiempo real. Sin importar la distancia, con todo lo anterior se le conoce con el nombre de "Informática".

Los conocimientos y habilidades adquiridos por los alumnos durante el curso tiene vigencia ilimitada, es decir, para todo el resto de su vida.

Como una necesidad y experiencia para el docente, el superar las dificultades para el desarrollo en los alumnos incluirlas en la programación de las asignaturas que se relacionan con el dibujo técnico, en ella se presentan una serie de recursos y ayudas para el docente que han sido contrastadas y que facilitarán la consecución de los objetivos didácticos.

El internet que ofrece una abundante y contrastada información sobre el diseño asistido por computadora, los docentes pueden encontrar recursos específicos que les ayudarán en la programación y en el aula con un enfoque innovador.

La utilización intensiva del Internet en las aplicaciones CAD un excelente recurso de la tecnología informática más avanzada y en esa línea, la apuesta por este medio es clara y contundente. Prueba de ello es la abundante información que se ofrecen múltiples recursos que deben ser aprovechados por los alumnos y docentes. En el desarrollo de la unidad didáctica "Diseño Asistido por computadora, se detallan:

- Los objetivos didácticos y su relación con el currículo de la asignatura tecnológica.
- Los contenidos conceptuales, procedimentales y actitudinales.
- Actividades, criterios de evaluación y temporalización.
- Facilidad de utilización, con una estructura que los alumnos conocen muy bien porque tienen experiencia en navegación.

- 🖥 Versatilidad en el uso ya que permite utilizarla a través de un servidor, en una red local situándola en el servidor de la red o en forma local en un ordenador en el aula o en hogar.
- 🖥 Estructura y diseño que permite la gradación del aprendizaje en distintos niveles.
- 🖥 Información relacionada con la obtención de recursos gratuitos sobre la que se ofrece los enlaces correspondientes.
- 🖥 Inducir y fomentar en el alumno el interés por las nuevas tecnologías y como obtener beneficios de ellas.
- 🖥 Por el diseño pedagógico de sus contenidos acordes al nivel que son indispensables para alcanzar a los capacidades exigibles en secundaria.

5) Conociendo más de cerca el "AutoCad"

1. Introducción

En la actualidad al diseño asistido, las aplicaciones informáticas más extendidas en el campo del diseño arquitectónico sólo suponen para el proyecto la automatización de los procedimientos ya conocidos, eso sí, haciéndolos más rápidos y menos costosos.

El antecesor de la computadora es el lápiz para dar forma a lo que pasaba por nuestra imaginación, ahora de esa tarea se encarga el ratón. El cambio es curioso, pero no lo es tanto si pensamos que el que maneja los hilos sigue siendo el mismo. Así pues, es AutoCad es un programa utilizado para el diseño industrial y arquitectónico por computadora.

Una de las mayores ventajas del programa que permite al usuario la personalización de todas sus opciones, e incluso la creación de programas que amplíen las posibilidades de AutoCad.

2. Interfase de AutoCad

Como todo inicio, antes de dibujar es necesario conocer algunos aspectos importantes del programa como la ventana principal, el sistema de coordenadas o abrir y guardar un archivo.

a) La ventana principal de AutoCad
Esta ventana contiene los componentes que se mencionaran a continuación.

b) El área gráfica
Ocupa la mayor parte de la pantalla y es donde se muestran y crean los dibujos.

c) Las barras de menús
Ubicadas en la parte superior, permite el acceso a una serie de menús desplegables que contiene las órdenes y procedimientos de uso más frecuente en AutoCAD.

d) Barra de herramientas estándar
Se integra de una serie de iconos que representan de forma gráfica e intuitiva las órdenes que se ejecutarán si se pulsa sobre ellos: ***zoom, ayuda, recorta, etc.*** Estas barras se pueden personalizar, de forma que se incluya en ellas las órdenes que más utilizamos. Son de gran ayuda, y se integran en el editor de dibujo o pueden quedarse flotando.

e) Barra de propiedades
Su función es la de controlar y establecer las propiedades por defecto de las entidades, como son: ***capa, color y tipo de línea***.

f) Barra de herramientas flotantes
Las barras de herramientas que pueden ubicarse en cualquier parte de la pantalla, estás barras pueden ser personalizadas adaptándolas a nuestra forma habitual de trabajar en AutoCAD.

g) Barra de Comando
Ubicado en la parte inferior del área gráfica, en ella aparecen todas las órdenes que se ejecutan. Así como, introducir ordenes de igual forma que la ventana es muy pequeña para distinguir la totalidad de los mensajes. Así como, la pantalla de texto (tecla de función F1).

h) Barra de estado

Se visualizan las coordenadas del cursor y el estado de los modos de trabajo, por ejemplo, indica si están activados modos como *Rejilla* u *Orto*, estas funciones se verán más adelante.

i) Creación de dibujos nuevos

Al crear un dibujo nuevo, se puede utilizar una plantilla con parámetros estándar que puede ser suministradas, o bien, personalizarlo con los parámetros necesarios. Como plantilla se puede utilizar un dibujo existente.

AutoCAD proporciona también dos asistentes. Los asistentes utilizan la plantilla actual, pero modifican ciertos parámetros de las escalas según la información que se suministre. Por ejemplo, ambos asistentes ajustan automáticamente los factores de escala para los parámetros de acotación y la altura del texto.

j) Crear un dibujo nuevo utilizando valores por defecto

1. En el menú *Archivo*, se selecciona *Nuevo*.
2. En el cuadro de diálogo *Crear nuevo dibujo*, se selecciona *Valores por defecto*.
3. En *Seleccionar parámetros*, se selecciona *Inglés o Métrico* y se pulsa *aceptar*.

k) Asistente configuración rápida

Con el asistente *Configuración rápida*, se establecen los parámetros básicos que ayudan a definir las unidades de medida y el área del dibujo. Para abrir un dibujo nuevo utilizando el asistente Configuración Rápida, se debe proceder de la siguiente manera:

1. En el menú *Archivo*, seleccionar *Nuevo*.
2. En el cuadro de diálogo *Crear nuevo dibujo*, elegir *Utilizar un asistente*.
3. En *Seleccionar un Asistente*, elegir *Configuración rápida* y pulsar *aceptar*.

l) Guardar dibujos

Mientras se trabaja en un dibujo, se debería guardar con frecuencia. Si se desea crear una nueva versión de un dibujo sin que se vea afectado el original, puede guardarlo con un nombre diferente. Si se desea guardar un dibujo, se deben seguir los siguientes pasos:

1. Seleccionar **Guardar** en el menú **Archivo**.
   Si ya se ha guardado el dibujo con un nombre, AutoCAD guardará cualquier cambio posterior y volverá a mostrar la solicitud **Comando**. Si no se ha guardado el dibujo antes, aparecerá el cuadro de diálogo **Guardar dibujo como**.
2. En el cuadro de diálogo **Guardar dibujo como**, en **nombre del archivo**, escriba el nombre del nuevo dibujo.
3. Pulse **Aceptar**.

m) Guardado automático del dibujo

Si se activa la opción de guardado automático, guarda el dibujo en intervalos de tiempo especificados. Esta opción, se localiza en el cuadro de diálogo **Preferencias** o en el menú **Herramientas**, seleccione la pestaña **General** y, en ella, **Guardar automáticamente** e indicando el intervalo en minutos.

Por defecto, los archivos se guardan automáticamente asignándole temporalmente un archivo **acad.sv$**. Si desea utilizar otro nombre, especificando en el **Archivo de guardado automático**, debajo de **Archivos de menú, ayuda, registro** y otros en la pestaña **Archivos**.

3. Sistema de Coordenadas

El sistema de coordenadas, empleado para designar puntos en el dibujo. Para trabajar con vistas transversales e isométricas. El sistema de coordenadas cartesianas tiene dos ejes (2D) y tres ejes (3D). Cuando se especifican valores para estas coordenadas, se indica una distancia del punto y su sentido (+ ó -) a lo largo de los ejes, con respecto al origen del sistema de coordenadas (0, 0, 0). Al comenzar un dibujo nuevo y automáticamente se utiliza el Sistema de coordenadas universales (SCU). **El eje X es horizontal, el eje Y es vertical y el eje Z es perpendicular al plano X, Y.**

a) Sistema de coordenadas absolutas

Para indicar una coordenada absoluta X, Y, especifique un punto determinado sus valores en el formato *X, Y*. Las coordenadas absolutas suelen utilizarse cuando se conocen los valores para la ubicación del punto inicial y el punto final.

Por ejemplo, para dibujar una línea escribir los siguientes valores de entrada en la línea de comando.

Comando: Escribir **Línea**.
Desde el punto: Escribir −2,1
Al punto: Escribir 3,4

b) Determinación de coordenadas relativas

Las coordenadas X, Y relativas se utilizan cuando se conoce la posición de un punto respecto al punto anterior. Por ejemplo, para situar el siguiente punto relativo al punto −2,1 escriba el símbolo **arroba @** antes de la coordenada:

Comando: Escribir Línea
Desde el punto: Escribir −2,1
Al punto: Escribir @5,3

c) Sistema de coordenadas relativas polares

Este sistema de coordenada polar, se indica una distancia y un ángulo, separados por un corchete agudo (<). Por ejemplo, para designar un punto separado una unidad del punto anterior y a un ángulo de 45°, escriba @1<45.

Por defecto, los ángulos aumentan en sentido contrario a las agujas del reloj y disminuyen en el sentido de las agujas del reloj. Por tanto, para desplazarse en el sentido de las agujas del reloj deberá indicar un ángulo negativo. Por ejemplo, escribir 1<315 equivale a escribir 1<-45.

d) Introducción directa de distancia

Mediante la introducción directa de valores de coordenadas, puede especificar un punto desplazando el cursor para indicar una dirección y después escribir la distancia que existe desde el primer punto de la línea. Es una buena forma de especificar rápidamente la longitud de las líneas.

Cuando Orto se encuentra activado, el método es muy apropiado para dibujar líneas perpendiculares. En el ejemplo siguiente, se dibuja una línea de con una longitud de 50 unidades mediante la introducción directa de distancia.

1. En el menú **Dibujo**, seleccionar **Línea**.
2. Designar el primer punto.
3. Desplazar el dispositivo señalador hasta que la línea elástica alcance el mismo ángulo que la línea que desea dibujar. Aun no pulse la tecla **Intro** o **Enter.**
4. En la *línea de comando*, escribir 50 para especificar una distancia. A continuación, pulsar **Intro**.

4. Creación de objetos

Permiten la creación de objetos tan sencillos como una **línea** o un **círculo**, o tan complejos como las **curvas spline**, las **elipses** o los **sombreados asociativos**. Esto se lleva a cabo mediante la especificación de puntos haciendo uso del dispositivo señalador o indicando los valores de coordenadas pertinentes en la línea de comando.

Esta barra de herramientas de creación es muy útil, que se explicaran con detalle a continuación.

a) Barra de herramientas dibujo

Es una barra flotante que se abre por defecto al iniciar el programa. En caso de que esta no esté visible, o de que cualquier barra no este visible, se hace operativa yendo al menú *Ver, barra de herramientas*. Se abrirá el cuadro de diálogo Barra de herramientas, se selecciona la barra herramienta deseada y por ultimo se pulsa cerrar.

b) Línea

Una línea puede constar de un segmento o de una serie de segmentos conectados, en cada segmento se considera una línea independiente. Estas líneas sencillas esta especialmente indicada para editar segmentos individuales. Se puede cerrar una secuencia de líneas la primera y la última se unan y formen una figura cerrada. Para dibujarla se procede de la siguiente manera:

1. Pulsar sobre el icono *Línea*.
2. Especificar el punto inicial.
3. Especificar el siguiente punto.
4. Especificar el punto final.
5. Pulsar *Intro* para concluir la línea.

c) Polilínea

Es una secuencia de líneas o de segmentos de arco conectados, creados como un objeto único. El empleo de polilíneas se recomienda siempre que se desee editar todos los segmentos de una vez, aunque se puede hacer también de forma individual. Si se desea, se podrá definir el grosor de segmentos individuales, disminuirlos y cerrar Polilínea. Al dibujar un segmento de arco, el primer punto del arco se sitúa en el punto final del segmento anterior. Se define el ángulo, el centro, la dirección o el radio del arco. Para completar el arco, basta con especificar un punto segundo y un punto final. Se realizarán los siguientes pasos para realizar una Polilínea:

1. Pulsar sobre el icono *Polilínea*.
2. Especifique el primer punto de la Polilínea.
3. Definir los puntos de los segmentos de la Polilínea.
4. Pulsar *Intro* para finalizar o cerrar la Polilínea.

Para dibujar una Polilínea combinando líneas y arcos:

1. Seleccionar *Polilínea*.

2. Especificar el punto inicial del segmento de línea.
3. Designar el punto final del segmento de línea.
4. Escribir **a** para cambiar al modo ***Arco***.
5. Designar el punto final del arco.
6. Escribir **n** para cambiar al modo Línea.
7. Pulsar ***Intro*** para finalizar la Polilínea.

d) Líneas múltiples

Constan de entre una y 16 líneas paralelas también denominadas elementos. Los elementos figuran desfasados del origen de la línea múltiple según el valor especificado. Si se desea, se podrá crear estilos de líneas múltiples y almacenarlos, o utilizar el estilo por defecto que dispone de dos elementos. Asimismo, se podrá definir el color y el tipo de línea de los elementos y mostrar u ocultar las juntas de la línea múltiple. Estos son lo pasos para realizar una línea múltiple:

1. En el menú ***Dibujo***, seleccionar ***Línea múltiple*** o pulsar sobre el icono ***Línea múltiple***.
2. Escribir **e** en la solicitud de comando para seleccionar estilo.
3. Para mostrar los estilos disponibles, escribir el ¿***nombre del estilo* o?**
4. Escribir **j** para justificar la línea múltiple y elegir justificación máxima, cero o mínima. Escribir **s** para cambiar la escala de la línea múltiple e indicar otro valor.

Dibujar la línea múltiple.
5. Especificar el punto inicial.
6. Designar el segundo punto.
7. Designar el tercer punto.
8. Designar el cuarto punto o escribir c para cerrar la línea múltiple, o pulsar *Intro* para finalizarla.

e) Polígonos

Un polígono cerrado formado por un número que oscila entre 3 y 1,024 lados de igual longitud. Se lleva a cabo mediante su inscripción o circunscripción en un circulo imaginario o especificando los extremos de uno de los lados del polígono. Dado que siempre presentan lados iguales, su uso constituye un método sencillo de dibujar cuadrados y triángulo equiláteros.

Dibujar un cuadrado inscrito

1. En el menú **Dibujo**, elegir **Polígono** o pulsar sobre el icono **Polígono**.
2. Escribir **4** para indicar que el polígono tendrá cuatro lados.
3. Especificar el centro del polígono (1).
4. Escribir **I**, de inscrito en el círculo.
5. Especificar el radio (2).

Dibujar polígonos circunscritos

1. En el menú **Dibujo**, elegir **Polígono** o pulsar sobre el icono **Polígono**.
2. Escribir **6** para el número de lados.
3. Designar el centro del polígono (1)
4. Escribir **C**, de circunscrito alrededor del círculo.
5. Definir una la longitud del radio (2).

Ya creado el polígono, para convertirlo en segmentos de línea simple utilizando el comando **EDITPOL** o **DESCOMP**.

f) Arcos

Un arco se puede crear de muchas formas que consiste en especificar tres puntos, un final, un segundo en el arco y un punto final. También, se puede especificar el ángulo incluido, el radio, la dirección y la longitud de cuerda de los arcos. La cuerda de un arco es una línea recta entre dos puntos finales. Por defecto, los arcos se dibujan de derecha a izquierda.

En el ejemplo siguiente dibujar un arco especificando tres puntos:
En el menú **Dibujo**, elegir **Arco** o pulsar sobre el icono **Arco**.

1. Indicar el punto inicial (1) escribiendo **fin** y seleccionando la línea. El arco queda forzado al punto final de la línea.
2. Especificar el segundo punto (2) escribiendo **cua** y seleccionando el cursor cuadrante del circulo medio hacia el cual se desea forzar el cursor.
3. Designar el punto final del arco (3).

Dibujar un arco haciendo uso de un punto inicial, un centro y una longitud de cuerda

1. En el menú *dibujo*, elegir *arco* y dentro de él, *inicio, centro, longitud*.
2. Especificar un punto inicial (1).
3. Especificar el centro.
4. Definir la longitud de la cuerda.

g) Círculos

Se pueden crear círculos de distintas formas. El método consiste en especificar el centro, el radio y el diámetro o definir tan solo el diámetro con dos puntos. También es posible el círculo con tres puntos. También crear círculos tangentes con tres objetos existentes, o hacerlo con dos y especificar a continuación un radio. Para dibujar un círculo especificando el centro y el radio, se hace de la siguiente manera:

1. En el menú **Dibujo**, seleccionar **Circulo** y dentro de él, **Centro, Radio** o pulsar sobre el icono **Circulo** de la barra de herramientas.
2. Especificar el centro.
3. Definir el radio.

h) Curvas Spline

Es una curva suave que pasa a través de una serie de puntos dado. Para su creación deben ubicar los puntos de coordenadas establecidos. También, podrá cerrar la spline de manera que los puntos iniciales y finales coincidan y sean tangentes. Para crear una spline se especifica los puntos, y se procede de la siguiente manera:

1. En el menú **Dibujo** se selecciona **Spline** o pulsar sobre el icono **Spline**.
2. Especificar el punto inicial de la spline (1).
3. Designar los puntos (2-5) para crear la spline y, a continuación, pulsar *Intro*.

i) Elipse

Permite realizar elipses completas y arcos elípticos, ambas representaciones matemáticas exactas de elipses. El método por defecto para dibujar una elipse consistente en especificar los puntos finales del primer eje y la distancia, que es la mitad de la longitud del segundo eje. El eje más largo de la elipse se denomina eje mayor y el eje más corto se denomina eje menor. Los pasos para dibujar una elipse autentica haciendo uso de los puntos finales y de la distancia:

1. En el menú **Dibujo**, elegir **Elipse** y dentro de él **Ejes**, **Fin**, o pulsando sobre el icono **Elipse**.
2. Especificar el primer punto final del primer eje (1).
3. Definir el segundo punto final del primer eje (2).
4. Arrastrar el dispositivo señalador, alejándolo del punto medio (3) del primer eje y hacer clic para fijar la distancia.

j) Sombreado de áreas

El proceso de sombreado rellena un área determinada del dibujo con un patrón. Para sombrear un área cerrada o un contorno especificado, se utilizan los comandos **SOMBCONT** y **SOMBREA**.

SOMBCONT.- Crea sombreados asociativos o no asociativos. Los sombreados asociativos se vinculan a sus contornos y se actualizan al modificar éstos. Los sombreados no asociativos, son independientes de sus contornos.

SOMBREA.- Crea solo sombreados no asociativos. Es útil para sombrear áreas que no tengan contornos cerrados.

Para sombrear un área cerrada, se realiza de la siguiente manera:

1. En el menú *Dibujo*, seleccionar *Sombreado* o pulsar sobre el icono *Sombreado*.
2. En el epígrafe Contorno del cuadro de diálogo *Sombreado* por contornos, seleccionar *Designar puntos*.
3. Designar un punto del dibujo dentro del área que se desee sombrear.
4. Pulsar *Intro*.
5. En el cuadro de diálogo *Sombreado por contornos*, pulsar *Aplicar* para asignar el sombreado correspondiente o si se prefiere antes, pulsar *Presentar sombreado* para previsualizarlo.

Los **patrones de sombreado**, proporciona un relleno sólido y patrones de sombreado estándar.

En el procedimiento siguiente, podrá crear un patrón, definir el espacio entre las líneas y crear un segundo conjunto de líneas a 90 grados de las líneas originales.

1. En el menú dibujo seleccionar *Sombreado*.
2. En el epígrafe *Tipo de patrón* del cuadro de diálogo *Sombreado por contornos*, seleccionar *Def. Usuario*.
3. En el cuadro *Espaciado*, indicar el espacio entre líneas.
4. Seleccionar Doble para añadir líneas a 90 grados de las líneas originales.
5. Elegir *Designar puntos* y especificar el punto interno.
6. Pulsar *Aplicar*.

k) Texto

Se denomina texto de líneas múltiples al conjunto de líneas de texto o párrafos que se ajustan a una anchura especificada. Independientemente del número de líneas, creados en una sola sesión de edición forman un solo objeto que se puede mover, girar, eliminar, copiar, reflejar en simetría etc.

La creación de un texto en el cuadro de dialogo **Editor de texto de líneas múltiples**, permite definir rápidamente las propiedades, el asignar un tipo de formato del texto.

Primero de deberá determinar la anchura del párrafo. Ya escrito el texto, insertar en el cuadro de diálogo la anchura una vez especificada. A continuación se describe como crear texto de líneas múltiples utilizando las propiedades y los formatos por defecto.

1. En el menú **Dibujo** seleccionar **Texto**, y dentro de él **Texto**, o pulsar sobre el icono **Texto de líneas múltiples** de la barra de herramientas.
2. Especificar la primera esquina del rectángulo.
3. Definir la anchura del contorno del texto arrastrando hacia la izquierda o derecho del punto de inserción, o escribiendo un valor en la línea de comando.
4. Especificar el flujo del texto arrastrando hacia arriba o hacia abajo.
5. En el cuadro de diálogo Editor de texto de líneas múltiples, escribir el texto y asegurarse de que se ajusta de forma automática a la línea siguiente.

Si no se desea emplear el estilo STANDARD por defecto, se puede crear el estilo de texto que más se adapte a sus necesidades. Cada vez que crea un texto, AutoCAD asume las propiedades del estilo de texto actual, entre las que se incluye la altura, relación anchura/altura, ángulo de oblicuidad, reflejado hacia la izquierda, cabeza abajo y las propiedades de alineación vertical. Al crear o modificar un estilo de texto, utilice el cuadro de diálogo Estilo de texto o la interfaz de la línea de comando para asignar o cambiarle el nombre.

Los nombres de estilo pueden contener hasta 31 caracteres y constar de letras, números y los caracteres especiales ($), (_) y (-). Para crear un estilo de texto, se hace de la siguiente forma:

1. En el menú *Formato*, seleccionar *Estilo de texto*.
2. En el cuadro de diálogo *Estilo de texto*, elgir *Nuevo*.
3. En el cuadro de diálogo *Nuevo estilo de texto*, escribir el nombre para el estilo de texto.
   El nuevo estilo creado posee todas las características que se indican en el cuadro de diálogo *Estilo de texto*. Se puede continuar cambiando características como, por ejemplo, los tipos de letra o puede hacerlo posteriormente.
4. Pulsar *Aceptar* para cerrar el cuadro de diálogo *Nuevo estilo de texto*.
5. Si se ha efectuado alguna modificación en las características del estilo, pulsar *Aplicar* para guardarla.
6. Después de alguna modificación en las características del estilo de texto, pulsar *cerrar* (*Cancelar* se convierte en *Cerrar* después de elegir *Aplicar*).

l) Barra de herramientas Modificar

La barra de Herramienta *Modificar*, es otra de las barras flotantes que AutoCAD abre por defecto al iniciar el programa. En ella se encuentran parte de las principales funciones que nos permitirán, mover, copiar, borrar, girar, etc. el dibujo o parte de él.

m) Borrar

Dispone de varios métodos de selección con los que podrá eliminar los objetos deseados. Con la herramienta borrar, se borran todos los elementos que abarque la ventana. Para eliminar elementos se procede de la siguiente manera:

1. En el menú *Modificar*, seleccionar *Borrar* o pulsar sobre el icono *Borrar*.
2. Mediante el cuadro de selección de ventana, seleccionar los objetos que se deseen eliminar. Si se crea la ventana

de derecha a izquierda, seleccionará los elementos que estén dentro de la ventana. Pero si lo hace de derecha a izquierda, se seleccionarán todos aquellos que toque la ventana.

n) Copiar objetos

Es posible copiar un solo objeto o varios dentro del dibujo actual, así como efectuar operaciones de copia entre dibujos o aplicaciones. Desfasar un objeto implica crear uno nuevo a una distancia determinada del objeto designado, a través de un punto especificado. Para copiar un objeto o un conjunto de objetos, se hace de la siguiente manera:

1. En el menú *Modificar*, elegir *Copiar* o pulsar sobre el icono *Copiar*.
2. Designar después los objetos que se vayan a copiar y pulsar *Intro*.
3. Determinar el punto base.
4. Determinar el punto de desplazamiento.

ñ) Copiar en simetría objetos

Para reflejar objetos sobre un eje de simetría, deberá definir dos puntos tal y como se describe en la figura siguiente. Si lo desea podrá borrar o conservar los objetos originales. Para reflejar en simetría sigan los siguientes pasos:

1. En el menú *Modificar*, seleccionar *Simetría* o pulsar sobre el icono *Simetría*.
2. Seleccionar el objeto que se reflejará con una ventana (1,2).
3. Especificar el primer punto del eje de simetría (3).
4. Definir el segundo punto (4).
5. Pulsar *Intro* para conservar los objetos originales.

o) Desfase de objetos

Al desfasar un objeto se crea uno nuevo, similar al designado, a una distancia especifica. Podrá desfasar líneas, arcos, círculos, polilíneas etc. Al desfasar un círculo, por ejemplo, estará creando círculos de mayor o menor tamaño según sea el lado desfasado. Para desfasar un objeto mediante la especificación de una distancia, realizar los siguientes pasos:

1. En el menú *Modificar*, seleccionar *Equidistancia* o pulsar sobre el icono *Equidistancia*.
2. Utilizar el dispositivo señalador para determinar la distancia de desfase o escribir un valor.
3. Seleccionar el objeto que desee desfasar.
4. Especificar que parte desea desfasar.
5. Seleccionar otro objeto para desfasarlo o pulsar la tecla *Intro* para terminar el comando.

p) Disposición de los objetos en forma de matriz

Se copia el objeto o un conjunto seleccionado dispuestos en matrices rectangulares o polares. En el caso de las matrices polares, podrá controlar el número de copias del objeto y si las copias pueden girarse. En las matrices rectangulares podrá controlar el número de filas y columnas y la distancia que debe medir entre ellas.

q) Creación de matrices polares

En el ejemplo siguiente, se tendrá que colocar sillas alrededor de una mesa redonda y para ello crear una matriz polar de la silla original y girar las copias a medida que las dispone en forma de matriz.

Esto son los pasos que se deben de seguir:

1. En el menú *Modificar* seleccionar *Matriz* o pulsar sobre el icono *Matriz*.
2. Designar el objeto original (1) y pulsar *Intro*.
3. Especificar *Polar*.

4. Especificar el centro de la matriz (2).
5. Indique el número de elementos de la matriz, incluyendo el objeto original.
6. Escribir el valor del ángulo que la matriz va a cubrir, entre 0 y 360.
7. Pulsar la tecla *Intro* para girar los objetos a medida que se disponen en forma de matriz.

r) Creación de matrices rectangulares

En el ejemplo siguiente, se creará una matriz rectangular de la silla. La matriz posee dos filas y cuatro columnas.

1. En el menú *Modificar*, elegir *Matriz* o pulsar sobre el icono *Matriz*.
2. Seleccionar la silla (1).
3. Especificar rectangular.
4. Indicar el número de filas.
5. Definir el número de columnas.
6. Definir la distancia entre las columnas.

s) Desplazamiento de objetos

Cuando desplace objetos, puede girarlos, alinearlos o desplazarlos sin cambiar la orientación ni el tamaño. Estos son los pasos para desplazar un objeto.

1. En el menú *Modificar*, seleccionar *Desplazar* o pulsar sobre el icono *Desplazar*.
2. Seleccionar el objeto que se desee desplazar.
3. Especificar el punto base del desplazamiento.
4. Definir el segundo punto de desplazamiento.

t) Rotación de objetos

La rotación de objetos conlleva obligatoriamente la elección de un punto base y un ángulo de rotación absoluto o relativo. Especifique un ángulo relativo para girar el objeto desde su posición actual alrededor del punto base de dicho ángulo. Según los valores definidos en la opción *Dirección* del cuadro de diálogo Control de unidades, lo objetos se giran en el mismo sentido de las agujas del reloj o en sentido inverso. Para girar un objeto se realizarán los siguientes pasos:

1. En el menú **Modificar**, seleccionar **Girar** o pulsar sobre el icono **Girar**.
2. Seleccionar el objeto que se desee girar.
3. Especificar el punto base de giro.
4. Definir el ángulo de rotación.

u) Atribución de escala a objetos

Para atribuir una escala a los conjuntos de selección, hay que utilizar el mismo factor de escala en la dirección X e Y. De esta forma, podrá aumentar o reducir el tamaño del objeto, pero no podrá modificar la relación anchura/altura. Es posible poner el objeto a escala especificando un punto base y una longitud, que se utiliza como factor escala basándose en las unidades del dibujo actual, o indicando un factor de escala. AutoCAD permite especificar la longitud actual del objeto o asignarle una nueva.

v) Atribución de una escala mediante un factor escala

Siempre que se asigna una escala a un objeto mediante la definición de un factor de escala, se producen cambios en el tamaño del objeto designado. Un factor de escala superior a 1 amplia el dibujo. Uno inferior a 1 lo reduce. Para atribuir una escala a un conjunto de selección conforme a un factor de escala, se realiza el siguiente procedimiento:

1. En el menú *Modificar*, seleccionar *Factor escala* o pulsar sobre el icono *Factor escala* de la barra de herramientas *Modificar*.
2. Seleccionar el objeto al que desee atribuir una escala.
3. Determinar el punto base.
4. Escribir el factor escala (por ejemplo 0.5 para reducir a la mitad).

w) Atribución de una escala por referencia

Siempre que asigne una escala conforme a una referencia, estará empleando un tamaño ya existente como referencia del tamaño nuevo. Para atribuir una escala atendiendo a una referencia, especifique la escala actual y a continuación, defina la nueva longitud de la escala.

Opcionalmente, puede especificar la longitud de referencia seleccionando un punto base y dos puntos de referencia y arrastrando el dispositivo señalador para especificar la nueva escala. Para atribuir una escala a un objeto por referencia, se realizan los siguientes pasos:

1. En el menú *Modificar*, seleccionar *Factor escala* o pulsar sobre el icono *Factor escala*.
2. Seleccionar el objeto al que se desee atribuir la escala.
3. Determinar el punto base (1).
4. Escribir **r** (Referencia).
5. Seleccionar el primero y el segundo punto de referencia (2,3) o escribir el valor de la longitud de referencia.
6. Arrastrar el objeto y seleccionar un punto (4) o escribir el valor de la nueva longitud.

x) Estiramiento de objetos

Para estirar un objeto, especifique un punto base para el estiramiento y, a continuación, dos puntos de desplazamiento. Asimismo, puede seleccionar el objeto mediante un cuadro de selección de captura. Para estirar un objeto, estos son los pasos a seguir:

1. En el menú *Modificar* seleccionar *Estirar* o pulsar sobre el icono *Estirar*.
2. Seleccionar los elementos a estirar haciendo uso de un cuadro de selección de captura.
3. Determinar el punto base.
4. Determinar el punto de desplazamiento.

y) Modificar la longitud de un objeto

Puede cambiar el ángulo de arcos y puede cambiar la longitud de líneas abiertas, arcos, polilíneas abiertas, arcos elípticos, etc. La longitud se puede modificar de varias formas:

Arrastrando el punto final de un objeto (de forma dinámica).

Especificando una nueva longitud como porcentaje del total de longitud o ángulo.

Definiendo una longitud en incrementos o un ángulo medido a partir del punto de un objeto.

Definiendo la longitud total absoluta o el ángulo incluido.

Pasos para modificar la longitud de un objeto arrastrándolo:

1. En el menú **Modificar**, seleccionar **Longitud** o pulsar sobre icono **Longitud**.
2. Pulsar Intro o escribir **d** para acceder al modo **Dinámico**.
3. Seleccionar el objeto que se desee alargar.
4. Arrastrar el punto final más cercano al punto de selección y definir uno nuevo mediante alguno de los métodos de introducción de puntos disponible.

z) Recorte de objetos

Se puede cortar un objeto en borde definido por uno o varios objetos. Los objetos que define como aristas de corte no tienen que intersectar el objeto que se recortan. Para recortar elementos, realizar los siguientes pasos.

1. En el menú **Modificar,** seleccionar **Recortar** o pulsar sobre el icono **Recortar**.
2. Designar las aristas de recorte pinchando sobre ellas o con el cuadro de selección de recorte. Pulsar **Intro**.
3. Seleccionar la línea que se desee recortar y pulsar **Intro**.

a1) Alargamiento de objetos

Alargar objetos de modo que éstos finalicen precisamente en los bordes de los contornos definidos por otros objetos. Para alargar un objeto, realice los siguientes pasos:

1. En el menú **Modificar**, seleccionar **Alargar** o pulsar sobre el icono **Alargar**.
2. Seleccionar el objeto hasta donde quiere alargar, es decir el objeto para el contorno.
3. Designar el o los objetos que quiere alargar y pulsar **Intro**.

b1) Inserción de divisiones en un objeto

Es posible eliminar parte de un objeto mediante el comando Parte. AutoCAD permite las particiones, líneas, círculos, arcos, polilíneas, elipses, etc. al partir un objeto, puede seleccionar el objeto en el primer punto de ruptura y, a continuación, definir un segundo punto o seleccionar en primer lugar el objeto y, acto seguido, definir los dos puntos de ruptura. Para partir un objeto:

1. En el menú *Modificar*, seleccionar *Partir* o pulsar sobre el icono *Partir*.
2. Seleccionar el objeto que desee partir (1).
Por defecto, el punto designado en el objeto constituye el primer punto de ruptura. Si desea elegir dos puntos de ruptura distintos, escriba **p** (primer punto) y, a continuación, especifique el nuevo punto de ruptura.
3. Definir el segundo punto de ruptura (2).

c1) Achaflanar objetos

El proceso de achaflanado conecta dos objetos no paralelos, ya sea mediante su extensión o recorte, con el propósito de intercalarlos o unirlos a una línea biselada. Con el método distancia podrá especificar en que medida deben recortarse o alargarse las líneas. El método ángulo, le permite especificar la longitud del chaflán y el ángulo que forma con la primera línea. El proceso para achaflanar dos líneas (no paralelas) es el siguiente:

1. En el menú *Modificar*, seleccionar *Chaflán* o pulsar sobre el icono *Chaflán*.
2. Definir las distancias de los chaflanes.
3. Seleccionar la primera línea.
4. Seleccionar la segunda línea.

d1) Empalme de objetos

El proceso de empalme entre dos objetos conlleva su conexión con un arco ajustado de un radio específico. Las esquinas interiores se denominan empalmes, mientras que las esquinas exteriores atienden al nombre de esfera, aunque AutoCAD trata ambos elementos como empalmes.

El radio de un empalme es el radio de arco que conecta a los objetos empalmados. Por defecto, el radio del empalme tiene un valor 0 o el del ultimo radio definido. La modificación del radio afecta a los empalmes nuevos y no a los generados anteriormente.

Para definir el radio de empalme:

1. En el menú **Modificar**, seleccionar **Empalme** o pulsar sobre el icono *Empalme*.
2. Escribir **ra** (radio).
3. Definir el radio del empalme.
4. Pulsar **Intro** para volver a escribir el comando empalme.
5. Seleccionar los objetos que desee empalmar.

e1) Para empalmar dos segmentos de línea:

1. En el menú **Modificar**, seleccionar **Empalme** o pulsar sobre el icono **Empalme**.
2. Seleccionar la primera línea.
3. Seleccionar la segunda línea.

f1) Descomposición de objetos

La descomposición de un objeto supone su fragmentación en sus partes originales, aunque esta operación no tiene un efecto visible en la pantalla. La descomposición de objetos da lugar a líneas simples y arcos procedentes de polilíneas, rectángulos, polígonos y arandelas. Asimismo, sustituye una referencia a bloque o una cota asociativa por copias de los objetos simples que conforman el bloque o la acotación.

Para descomponer un objeto:

1. En el menú *Modificar*, seleccionar *Descomponer* o pulsar sobre el icono *Descomponer*.
2. Seleccionar los objetos que se desee descomponer.

5. Referencia a puntos geométricos de objetos

La referencia a objetos es una forma rápida de emplazar con exactitud un punto en un objeto sin tener que conocer sus coordenadas ni dibujar líneas auxiliares. Con la referencia a objetos puede dibujar una línea que acabe en el centro de un círculo, el punto medio de un segmento de Polilínea o en una intersección imaginaria.

La referencia a objetos puede utilizarse cuando se designe un punto. Las referencias a un solo objeto afectan únicamente al siguiente objeto designado. También puede activarse una o varias referencias a objetos implícitas permaneciendo activadas hasta que se desactiven.

Existen tres maneras de activar la Referencia a objetos. Una es la **Barra de herramientas Referencia a objetos**, que se podrá activar desde el cuadro de diálogo barra de herramientas del menú *Ver*. Otra es por medios del teclado, pulsando la tecla **Shift** y el botón derecho del ratón al mismo tiempo. De estas dos maneras la referencia seleccionada, solamente se activara momentáneamente, es decir, que cada ver que quiera, por ejemplo, que el cursor vaya al punto medio de una línea, tendrá que seleccionar punto medio.

Y la tercera manera, es por medio del cuadro de diálogo Referencia a objetos que se encuentra en el menú **Herramientas**. Al seleccionar de este modo una referencia a objeto, esta quedara activa hasta que se desactive. También podrá modificar el tamaño del cursor o el color del mismo.

La mayoría de las referencias a objetos descritas aquí solo afectan a objetos visibles en la pantalla, incluidos los objetos de capas bloqueadas, contornos de ventanas flotantes, sólidos y segmentos de polilíneas.

a) Punto final

Punto final fuerza el cursor al punto más cercano de objetos como líneas o arcos. Si da altura a un objeto, podrá forzar el cursor a las aristas. Punto final también es aplicable a sólido 3D, cuerpos y regiones. Por ejemplo, puede forzar el cursor al punto final (vértice) de un prisma rectangular.

b) Punto medio

Punto medio fuerza el cursor al punto medio de objetos como líneas o arcos. Punto medio fuerza el cursor al primer punto definido en líneas infinitas. Al seleccionar una spline o un arco elíptico, Punto medio fuerza el cursor a un punto a medio camino entre el punto de origen y el punto final.

c) Intersección

Forzar el cursor al punto de intersección de objetos como líneas, círculos, arcos y splines.

También se puede utilizar Intersección para forzar las referencias a las esquinas de objetos que tengan altura. Si dos objetos con altura se extienden por la misma dirección y sus bases se cruzan, puede forzar el cursor a la intersección de las aristas. Si los objetos tienen alturas distintas, la menor de ellas define el punto de intersección.

d) Intersección ficticia

La intersección ficticia incluye dos modos de referencia diferentes: Intersección ficticia e Intersección ficticia extendida. Una intersección ficticia, fuerza el cursor a la intersección de dos objetos que no se cruzan en el espacio tridimensional pero que parecen hacerlo en pantalla.

Una Intersección ficticia extendida fuerza el cursor a la intersección imaginaria de dos objetos que parecían cortarse al alargarlos en sus direcciones naturales.

e) Centro

Centro fuerza el cursor al centro de un arco, círculo o elipse. También fuerza el cursor al centro de círculos que forman parte de sólidos, cuerpos o regiones. Cuando fuerce el cursor al centro, seleccione una parte visible del arco, círculo o elipse.

f) Cuadrante

Cuadrante fuerza el cursor al cuadrante más cercano de un arco, círculo o elipse (los punto a 0, 90, 180 y 270 grados). La posición de los cuadrantes para círculos y arcos se determina por la orientación del SCP.

g) Tangente

Tangente fuerza el cursor al punto de un círculo o arco que, al conectarlo al último punto, formará una línea tangente a dicho objeto.

h) Perpendicular

Perpendicular fuerza el cursor al punto de un objeto que esta alineado normal o perpendicularmente con otro objeto o con una extensión imaginaria del mismo. Perpendicular puede utilizarse con objetos como líneas, círculos, elipses, splines o arcos.

i) Inserción

Inserción fuerza el cursor al punto de inserción de un bloque, forma, texto, atributo (contiene información sobre un bloque) o definición de atributo (describe las características del atributo).

j) Punto

Punto fuerza el cursor a un punto dibujado con el comando Punto. Los puntos incluidos en un bloque pueden ejercer la función de puntos de referencia validos para lugares de enlace.

k) Cercano

Cercano fuerza el cursor a un objeto de punto o a la ubicación en otro tipo de objeto más cercano al punto especificado.

l) Rápido

Rápido, en conjunción con otras referencias a objetos, fuerza el cursor al primer punto adecuado del primer objeto que encuentra. Si está activada la ordenación de referencias a objetos, Rápido encuentra el último objeto trazado. Si Rápido está desactivado, AutoCAD fuerza el cursor al punto más cercano al centro del cursor en cruz.

m) Ninguno

Ninguno desactiva las referencias a objetos activadas. También puede utilizarse para desactivar las referencias a objetos implícitas para un punto.

n) Activación de modos de referencia

De esta manera se desplegará el cuadro de diálogo Referencia a objetos, del que hemos hablado anteriormente.

6. Zoom y encuadre

Zoom o encuadre se denomina vista a una posición, orientación o tamaño determinado que presenta el dibujo. Existen unas cuantas opciones de zoom que permiten la ampliación o reducción del tamaño de la imagen que aparece en la pantalla.

El proceso de aumento de una imagen a fin de poder ver el dibujo con mayor detalle se denomina ampliación, mientras que el de disminución de la imagen para ver un área más extensa se conoce con el nombre de reducción.

La ampliación o reducción no modifica el tamaño absoluto del dibujo. Solo cambia el tamaño de vista aérea gráfica.

a) Ampliación/reducción y encuadre en tiempo real

Junto con la posibilidad de encuadrar y reducir o ampliar la imagen en incrementos, se puede realizar también en Tiempo real. Con Zoom Tiempo real, puede ampliar o reducir el dibujo desplazando el cursor hacia arriba o hacia abajo.

Con Encuadre Tiempo Real, puede encuadrar la imagen en un nuevo emplazamiento haciendo clic en ella con el dispositivo señalar y desplazando el cursor.

Para ampliar/reducir en modo tiempo real:

1. En el menú **Ver**, seleccionar **Zoom** y dentro de él **Tiempo real** o pulsar sobre el icono **Zoom en tiempo real** de la barra de herramientas **Estándar** de AutoCAD.
2. Para ampliar o reducir a diferentes tamaño, pulsar con el ratón sobre la imagen y desplazarlo hacia arriba (aumentar) o hacia abajo (reducir).

Para encuadrar en modo tiempo real:

1. En el menú **Ver**, seleccionar **Encuadre** y dentro de él **Tiempo real** o pulsar sobre el icono **Encuadre** de la barra de herramientas **Estándar** de AutoCAD.
2. Para encuadrar de forma interactiva, mantener pulsado el ratón y desplazar el dibujo a un nuevo emplazamiento.

b) Ventana de Zoom

Se puede ampliar con suma rapidez un área especificando sus esquinas. La región especificada por las esquinas que se seleccionen aparece centrada en la nueva pantalla si ésta no tiene las mismas proporciones de la ventana gráfica que se esta ampliando/reduciendo. Para ampliar un área determinada mediante la definición de sus contornos, se realizan los siguientes pasos:

1. En el menú *Ver*, seleccionar *Zoom* y dentro de el *Ventana*, o pulsar sobre el icono *Ventana* de la barra de herramientas *Zoom*.
2. Especificar una de las esquinas del área que se desee visualizar (1)
3. Especificar la esquina opuesta del área (2).

c) Zoom Dinámico

Zoom dinámico muestra la parte generada del dibujo en un marco de visualización que representa la ventana gráfica actual. Al ejecutar el comando AutoCAD muestra la parte generada del dibujo en un marco de visualización que representa a la ventana gráfica actual. Para ampliar o reducir el dibujo de forma dinámica:

1. En el menú *Ver*, seleccionar *Zoom* y dentro de él *Dinámico* o pulsar sobre el icono de *Zoom dinámico* de la barra de herramientas *Zoom*.
2. Si el marco de visualización contiene una X, arrastrarlo por la pantalla para encuadrar el dibujo en un área distinta.
3. Para ampliar o reducir el dibujo a un tamaño diferente, pulsar el botón selector del dispositivo señalador. La X del marco de visualización se convierte en una flecha.

Ajustar el tamaño del marco desplazando su borde hacia la derecha o hacia la izquierda. Cuanto mayor sea el marco de visualización, menor será el tamaño de la imagen que aparece en pantalla.

4. Una vez que el marco de visualización defina claramente el área que desea visualizar, pulsar **Intro**.

d) Atribución de escala a una vista

Siempre que desee disminuir o aumentar la amplitud de una imagen conforme a una escala determinada, podrá especificar una escala de ampliación o reducción. Para ampliar o reducir una imagen conforme a una escala determinada, hay que seguir los siguientes pasos:

1. En el menú **Ver**, seleccionar **Zoom** y dentro de él **Factor** o pulsar sobre el icono **Factor** de la barra de herramientas.
2. Indicar el factor de escala en relación con los limites del dibujo, con la vista **Actual** o con la vista **Espacio papel**.

e) Centrado

Es posible desplazar un punto del dibujo al centro del área gráfica. El comando Zoom Centro resulta especialmente útil a la hora de reajustar el tamaño de un objeto y situarlo en el centro de la ventana. Para centrar el dibujo en el área grafica:

1. En el menú *Ver*, seleccionar *Zoom* y dentro de él *Centro* o pulsar sobre el icono *Centro* de la barra de herramientas.
2. Especificar el punto que se desee emplazar en el centro del dibujo.
3. Especificar una altura en unidades de dibujo o escribir un factor de escala.

f) Zoom aumentar y zoom reducir

Estos dos modos de zoom permiten aumentar o disminuir la imagen de forma no dinámica, es decir, aumente o disminuye la imagen lo mismo cada vez que se pulsa uno de los iconos.

g) Zoom Todo y zoom extensión

Permiten la visualización en pantalla de una vista en base a los contornos del dibujo o a la extensión de los objetos que conforman el dibujo.

Zoom Todo muestra el dibujo en su totalidad. Si los objetos se extienden más allá de los límites del dibujo, al seleccionar el comando Zoom Todo se visualiza en pantalla la extensión de los objetos. Si los objetos están dentro de los límites del dibujo, al seleccionar el comando Zoom Todo se muestran en pantalla los límites de los objetos.

Zoom Extensión calcula la ampliación/reducción en función de la extensión de la ventana gráfica activa, no la vista actual. Normalmente puede verse toda la ventana gráfica activa, con lo cual los resultados son obvios e intuitivos. Sin embargo, al utilizar el comando Zoom en espacio modelo mientras se trabaja en una ventana gráfica en espacio papel, si se amplía la vista sobrepasando los contornos de la ventana gráfica en espacio papel, puede que no se vea una parte del área ampliada.

7. Capas, colores y tipos de línea

Las capas son como superposiciones transparentes en las cuales se organizan y se agrupan distintos tipos de información. Los objetos que se crean tienen propiedades como capas, colores y tipos de línea. El color contribuye a establecer las diferencias oportunas entre elementos similares que componen el dibujo, y los tipos de línea sirven para distinguir fácilmente los distintos elementos del dibujo, como líneas de centro y ocultas. La organización de las capas y de los dibujos en capas facilita el manejo de la información de los dibujos.

Siempre se esta dibujando en una capa. Es posible que sea la capa por defecto o una capa que haya creado el usuario y a la que haya asignado un nombre. Cada capa tiene asociado un color y un tipo de línea.

a) Creación y denominación de capas

Se puede crear una capa con nombre para cada agrupación conceptual (por ejemplo, paredes o cotas) y asignar colores o tipos de línea a esas capas. Al organizar un dibujo por capas, elija sus nombres con atención.
Para crear una nueva capa:

1. En el menú *Formato*, seleccionar *Capa* o pulsar sobre el icono *Capas* de la barra de herramientas *Propiedades de objetos*.
2. En el cuadro de diálogo Propiedades de las capas y los tipos de linea, pulsar nueva. Se mostrará una nueva capa en la lista con el nombre provisional de *Capa1*.
3. Especificar otro nombre de capa.
4. Para crear varias capas, volver a pulsar *Nueva*, escribir el nuevo nombre y pulsar *Intro*.
5. Pulsar *Intro*.

b) Asignación de color a una capa

Puede asignar color a una capa en el cuadro de diálogo Propiedades de las capas y los tipos de línea, haciendo clic en el icono Color en la lista de caspas.
Al hacer clic en el icono Color, aparece el cuadro de diálogo seleccionar color. Cuando especifique un color, podrá escribir su nombre o el número del Índice de colores de AutoCAD (ACI). Solo los siete primeros colores tienen nombre.

c) Asignación de tipo de línea a una capa

Cuando se definen capas, los tipos de línea ofrecen otro modo de mostrar información visual. Un tipo de línea es un patrón repetido de trazos, puntos y espacios en blanco que sirve para diferenciar la finalidad de cada línea.
El nombre y la definición del tipo de línea describen la secuencia particular trazo-punto y las longitudes relativas de los trazos, espacios en blanco y las características de cualquier texto o forma incluido.

Para asignar un tipo de línea existente a una capa:

1. Seleccionar *Tipo de línea* dentro del cuadro de diálogo *Propiedades de las capas y tipos de línea*.
2. En el cuadro de diálogo *Seleccionar línea*, seleccionar un tipo de línea y pulse *Aceptar*. Si lo que prefiere es optar a otro tipo de línea, pulse sobre *Cargar*. Se abrirá un nuevo cuadro de diálogo, *Cargar o volver a cargar líneas*. En él seleccionar el tipo de línea que quiere cargar. Pulse *Aceptar*.
3. Por ultimo, pulse de nuevo aceptar para salir de los cuadros de diálogo.

d) Control de la visibilidad de la capa

Los objetos dibujados sobre capas invisibles. Existen situaciones, como cuando se precisa una visión nítida del dibujo mientras se perfilan los detalles de una o varias capas, o bien si no se desean trazar ciertos detalles tales como líneas auxiliares o de referencia, en las que conviene ocultar ciertas capas, para lo cual se puede desactivarlas o inutilizarlas.

El modo elegido para controlar la visibilidad de las capas dependerá del modo de trabajo y del tamaño del dibujo. Por el contrario, se recomienda la inutilización de las capas cuando se desee mantener las capas ocultas durante períodos largos.

e) Activación y desactivación de capas

Las capas desactivadas se generan con el dibujo pero no se visualizaran ni trazaran. Si alterna frecuentemente entre capas visibles e invisibles, puede desactivar las capas en lugar de inutilizarlas. Al desactivarlas, evitará regenerar el dibujo cada vez que utilice una capa.

f) Inutilización y reutilización de capas en todas las ventanas

Se puede inutilizar capas para acelerar *Zoom*, encuadre y *Pto. De vista*, mejorar la selección de objetos y reducir el tiempo de regeneración de dibujos complejos. AutoCAD no muestra, ni traza, ni regenera los objetos de las capas inutilizadas. Por el contrario, se recomienda la inutilización de las capas cuando se desee mantener las capas ocultadas durante períodos largos.

g) Inutilización y reutilización de capas en la ventana actual

Se puede inutilizar o reutilizar capas de la ventana flotante actual sin afectar a las demás ventanas gráficas. Las capas inutilizadas son invisibles. No se regeneran ni se trazan. Esta función es útil en aquellas ocasiones en que se desee crear una capa de anotaciones que sea visible únicamente en una ventana gráfica concreta. La reutilización restablece la visibilidad de la capa.

h) Inutilización o reutilización de capas en ventanas gráficas nuevas

Es posible establecer los parámetros de visibilidad por defecto aplicables a ciertas capas de las nuevas ventanas flotantes.

i) Bloqueo y desbloqueo de capas

El bloqueo de capas resulta práctico para editar los objetos asociados con ciertas capas y ver los objetos de otras capas. No es posible editar los objetos de las capas bloqueadas, aunque permanecen visibles si la capa esta activada y reutilizada. Una capa bloqueada puede convertirse en la capa actual y pueden añadirse objetos a ella.

8. Acotación

Las cotas indican medidas geométricas de objetos, distancias o ángulos entre objetos o las coordenadas X e Y de alguna característica de un objeto. Proporciona tres tipos básicos de acotación: lineal, radial y angular. Una cota lineal puede ser horizontal, vertical, alineada, girada, de coordenadas de línea de base y continua.

AutoCAD dibuja las cotas en la capa actual. Toda cota tiene un estilo de acotación asociado, ya sea el estilo por defecto u otro definido por el usuario. El estilo controla aspectos como el color, el estilo de texto y la escala del tipo de línea. No se proporciona información sobre la altura de objeto. Mediante las familias de estilos, se pueden realizar modificaciones en los diferentes tipos de cotas a partir de un estilo base.

Una cota tiene diferentes partes. La **Línea de cota**, que indica la dirección y la extensión de una cota. En las líneas angulares, la línea de cota es un arco. Las líneas de referencia, también llamadas líneas de proyección o líneas testigo, se extienden desde la característica acotada hasta la línea de cota. Las flechas, también denominadas símbolos de terminación o, simplemente, terminaciones, se añaden a ambos extremos de la línea de cota. El texto de cota es una cadena de texto que suele indicar la medida real. El texto puede incluir, además prefijos, sufijos y tolerancias.

a) Creación de cotas

Una cota se puede crear seleccionando el objeto que se desea acotar e indicando el emplazamiento de la línea de cota.

También se puede crear cotas indicando los orígenes de las líneas de referencia. En el caso de las líneas, segmentos de polilíneas y arcos, los orígenes de las líneas de referencia son, por defecto, los puntos finales. En el caso de los círculos, se toman los puntos finales de un diámetro en el ángulo estipulado.

Una vez creada una cota, se puede modificar el contenido del texto de cota así como el ángulo del texto con respecto a la línea de cota. El estilo de acotación debe seleccionarse antes de empezar a crear cotas. En caso de no hacerlo, se aplica el estilo actual.

b) Cotas lineales

Una cota lineal puede ser horizontal, vertical, alineada o girada. La línea de las cotas alineadas es paralela a la línea que pasa por los orígenes de las líneas de referencia. Las cotas de línea de base o paralelas y las cotas continuas o en cadena, son series de cotas consecutivas construidas a partir de cotas lineales.

c) Cotas horizontales y verticales

Establece de forma automática la orientación horizontal o vertical de la cota según los orígenes de las líneas de referencia indicados o según el punto designado para seleccionar un objeto. Sin embargo, es posible ignorar la propuesta de AutoCAD, estableciendo explícitamente la orientación horizontal o vertical de las cotas. Para crear una cota horizontal o vertical:

1. En el menú *Acotar,* elegir *Lineal* o pulse sobre el icono *Lineal* de la barra de herramientas *Acotar*.
2. Pulsar *Intro* para designar el objeto que se va a acotar o especificar los orígenes de la primera y segunda línea de referencia.
3. Antes de establecer el emplazamiento de la línea de cota se puede ignorar la orientación de la cota y editar el texto, el ángulo de la línea de cota.

d) Cotas alineadas

Las cotas alineadas se caracterizan porque la línea de cota es paralela a los orígenes de las líneas de referencia. Para crear una cota alineada:

1. En el menú *Acotar* seleccionar *Alineada* o pulsar sobre el icono *Alineada* de la barra de herramientas.
2. Pulsar *Intro* para designar el objeto que se va a acotar o especificar los orígenes de la primera y segunda línea de referencia.
3. Modificar el texto o el ángulo del texto.
4. Designar el emplazamiento de la línea de cota.

e) Cotas de línea de base y continúas

Las cotas de línea de base son conjuntos de cotas cuyas medidas se toman a partir de la misma línea de base. Las cotas continuas son conjuntos de cotas encadenadas.

Para crear cotas de línea de base:

1. En el menú **Acotar**, seleccionar **Línea base** o pulsar sobre el icono **Línea base** de la barra de herramientas.
2. Usar la referencia a objetos **Punto final** para designar el final de la segunda selección como origen de la segunda línea de referencia, o bien pulsar **Intro** para designar una cota como cota base.
3. Seleccionar la siguiente línea de referencia. Seguir seleccionando los orígenes de las líneas de referencia.
4. Pulsar **Intro** dos veces para ejecutar el comando.

Para crear cotas continuas

1. En el menú **Acotar**, seleccionar **Continua** o pulsar sobre el icono **Continua** de la barra de herramientas.
2. Usar la referencia a objetos **Punto final** para seleccionar el final de la cota ya dibujada como origen de la primera línea de referencia.
3. Seleccionar los orígenes de las siguientes líneas de referencia.
4. Pulse **Intro** dos veces para ejecutar el comando.

f) Cotas de Radio

Una cota de radio indica el radio de un arco o un círculo con líneas de centro o marcas de centro opcionales. Si en el estilo actual se ha seleccionado Directriz en la opción Ajuste, entonces la acotación se aplica con una línea directriz. Para crear una cota de radio o de diámetro:

En el menú **Acotar** seleccionar **Diámetro o Radio**, o pulsar sobre es icono **Radio o Diámetro** de la barra de herramientas.

1. Seleccionar el arco o el círculo que se desee acotar.
2. Escribir **t** para modificar el contenido del texto de la cota (opcional).
3. Escribir **a** para modificar el ángulo del texto de cota (opcional).
4. Designar el emplazamiento de la línea de cota.

g) Cotas angulares

Las cotas angulares miden el ángulo formado por dos líneas o tres puntos. Se puede emplear, por ejemplo, para medir el ángulo formado por dos radios de un círculo. La línea de cola tiene forma de arco. Para crear una cota angular:

1. En el menú *Acotar*, seleccionar *Angular* o pulsar sobre el icono *Angular* de la barra de herramientas.
2. Seleccionar el primer punto o línea que forma el ángulo.
3. Seleccionar el segundo punto
4. Escribir **t** o **m** para modificar el contenido del texto de cota (opcional).
5. Escribir **a** para modificar el ángulo del texto de cota (opcional).
6. Especificar el emplazamiento del arco de línea de cota.

h) Directrices y anotaciones

Una directriz es una línea que conecta una anotación con algún elemento de un dibujo. Las directrices y sus anotaciones son asociativas, lo que implica que se modifica la anotación, la directriz se actualiza consecuentemente. Para crear una directriz sencilla con texto:

1. En el menú *Acotar* seleccionar *Directriz* o pulsar sobre el icono *Directriz* de la barra de herramientas.
2. Especificar los puntos *Desde* y *Al* de la directriz.
3. Pulsar *Intro* para finalizar la adquisición de puntos.
4. Escribir las líneas de texto.
5. Pulsar *Intro* de nuevo para concluir el comando.

i) Creación de estilos de acotación

Un estilo de acotación con nombre es un conjunto de parámetros que determinan el aspecto de una cota. Mediante los estilos de acotación, el usuario puede establecer o aplicar un estándar para los dibujos.

Al crear una cota, se aplica el estilo actual. Si antes de crear una cota no se define o no se aplica ninguno, AutoCAD aplica el estilo por defecto **Standard**.

Estos son los pasos para crear un estilo de acotación:

1. En el menú **Acotar** elija *Estilo* o pulsar sobre el icono **Estilo** de la barra de herramientas.
2. En el cuadro de diálogo **Estilos de acotación**, escribir un nombre de estilo y seleccionar guardar.
3. Elegir **Geometría** para definir el aspecto y el comportamiento de la línea de cota, de las líneas de referencia, de los extremos de cota y de las líneas o marcas de centro así como de la escala de la cota.
4. Pulsar **Formato** para establecer el emplazamiento del texto de cota.
5. Pulsar **Anotación** para definir las unidades principales y alternativas, las tolerancias, el estilo del texto, el espaciado y el color, así como las opciones de redondeo.
6. En el cuadro de diálogo **Estilos de acotación**, pulsar **Guardar** para que los cambios se guarden en el nuevo estilo. Pulsar después **Aceptar**.

9. Imprimir un dibujo

El dibujo se puede imprimir en una impresora o en un trazador (ploter). Si utiliza una impresora del sistema Windows, normalmente no tendrá que realizar ningún preparativo de impresión. Si utiliza un trazador, sin embargo, tendrá que configurar algunas cosas, como el gestor del trazador, los puertos de salida, la configuración de las plumillas, etc.

Cuando se imprime o se traza, se puede controlar el área del dibujo que se va a trazar además de la escala, la rotación y la ubicación en el papel. También puede controlar las plumillas utilizadas para trazar los objetos con sus colores y el peso de las líneas. Los tipos de líneas también pueden sustituirse en el momento del trazado.

El siguiente procedimiento describe como imprimir un dibujo una vez establecida la configuración del trazador o de la impresora:

1. En el menú **Archivo** seleccione **Imprimir**, o pulse sobre el icono **Imprimir** de la barra de herramientas **Estándar**.

2. En el cuadro de diálogo **Configurar trazado/impresión**, si se ha configurado más de un trazador, pulse **Selección valores por defecto** con objeto de conocer cual es trazador actual. Además, si se desea cambiar el tipo o la orientación del papel que se va a usar, pinchar sobre **Cambiar** en **Configuración especifica del dispositivo**.

3. Una vez seleccionado el trazado y el papel, hay que seleccionar las plumillas, asignando a cada plumilla un color y un grosor, es decir, que es aquí donde se van a resaltar los grosores de las líneas más importante o menos del dibujo que hemos realizado.
   Para ello, dentro de **parámetros de plumillas** del cuadro de diálogo **Configurar trazador/impresión**, pinchar en **Asignación**. Se abrirá el cuadro de diálogo **Asignación de plumillas**. Ahora se deberá asignar a cada color una plumilla, un tipo de línea (si se desea cambiar) y un grosor de plumilla.

4. Una vez asignadas las plumillas, se pasa a seleccionar la zona que se desea imprimir. Para ello, se pincha sobre **Ventana** en el cuadro de diálogo **Configurar Trazador/impresión**. Se abrirá el cuadro de diálogo **Designar por ventana** y especificar las coordenadas de la zona a imprimir, o bien, si se pulsa sobre **Designar**, selecciona sobre el dibujo la zona a imprimir.

5. Posteriormente, se pasa a asignar una escala al dibujo, y a centrarlo sobre la hoja de papel. De nuevo en el cuadro de diálogo **Configurar trazado/impresión**, si se pulsa sobre **Rotación y origen** podrá girar el dibujo sobre el papel y centrarlo o colocarlo donde se desee. Si se pulsa sobre

Escala hasta ajustar, AutoCAD ajustará el dibujo al tamaño del papel escogido sin ningún tipo de escala clara.

6. Si se desea ver como va a quedar el dibujo está la opción **Presentación preliminar Parcial**, que mostrará una previsualización simple de la posición del trazado en el papel, o **Total** que mostrará una imagen de previsualización detallada, ampliable del trazado.
7. Por último, si ya se tiene todas las opciones configuradas pulsar **Aceptar**.

Para la realización del presente trabajo en la Escuela Secundaria Técnica 6 "Ing. Juan de Dios Batiz Paredes". Aprovechando su potencial en el uso de la computadora y los conocimientos previos en dibujo, planos cartesianos y con el software Logo utilizados en la asignatura de matemáticas.

Con todo lo anterior para la elaboración de los siguientes ejemplos de aplicación del dibujo por computadora AutoCad. Como los alumnos tienen un conocimiento es una valiosa fuente de información, adecuarla para hacerla mas interesante y atractiva que formara parte de su formación académica.

Como lo menciona *Gagné* ***"Aprendizaje es una nueva capacidad adquirida por el organismo y basada en los comportamientos ya existentes en su repertorio"***

También menciona Bruner ***"El aprendizaje supone el procesamiento activo de la información y de cada persona lo organiza y lo construye a su manera"***.

A partir de la información de los contenidos en la asignatura tecnológica relacionados con el dibujo técnico, así como los trabajos desarrollados en el restirador y elaborarlos en la computadora con la finalidad de demostrar los beneficios que se obtiene al dibujar con este paquete dando la oportunidad para desarrollar mas en el alumno sus habilidades al reproducir lo realizado en el papel a la pantalla. Este trabaja mediante la ejecución de diferentes comandos y coordenadas. La generación de dibujos bidimensionales y tridimensionales y se lleva a cabo el manejo de vistas e isométrico. Por lo cual se requirió de una revisión bibliográfica sobre el tema.

En el mercado existen una gran variedad de libros sobre Autocad sin embargo, se observó que contienen información muy extensa muy tecnificada ocasionando confusiones a los alumnos que no están habituados a este tipo de literatura, en el caso de utilizar un libro de apoyo para la enseñanza del mismo.

A continuación unos de ejemplos de modelos de prácticas a desarrollas con base a los temas contenidos en los temas del programa vigente. Están estructuradas para el alumno tenga toda la información clara, precisa, para desarrollar su actividad con toda facilidad.

Cabe mencionar que este recurso es susceptible a modificaciones como todo proyecto que se inicia siempre ha desviaciones, ajustes o cambios.

Edison... se levanta del órgano, a anotar con dibujos,
La máquina en que piensa.
Cientos, miles de máquinas...
Cuando un novelista lo va a ver,
Él le saca el libro de los dibujos:
¡Aquí tiene mi novela! Y le deja el libro en las manos.
José Martí.

PRACTICA No. 1
OBJETIVO:
Aplicar los conceptos adquiridos en clase y realizar los primeros trazos por medio de sistema de coordenadas.

DESARROLLO DE LA PRÁCTICA:

- Entrar al programa seleccionando el sistema de unidades en este caso en el sistema métrico.
- Activar la malla de puntos con la orden rejilla (GRID), o por medio de la tecla F7.. la distancia entre puntos es de 10 unidades por default. Pro puede ser modificado según las necesidades que se requiera.
- Para iniciar los primeros trazos utilizados el sistema de coordenadas absolutas realizando de la siguiente manera:

Coordenadas absolutas rectangulares: X,Y

- Se realizara los trazos correspondientes a un formato de "tamaño normalizado A4 (297 x 210 mm.). Con las siguientes coordenadas:

Margen:
- P_1 (10,10)
- P_2 (190,10)
- P_3 (190,290)
- P_4 (10,290)
- P_5 (10,10)
- Enter

Cuadro de referencia:
- P_1 (10,20)
- P_2 (190,20)
- P_3 (190,30)
- P_4 (10,30)
- P_5 (10,40)
- P_6 (190,40)
- Enter

Divisiones al cuadro de referencia

División 1	División 2	División 3	División 4
P_1 (40,10)	P_1 (150,10)	P_1 (80,20)	P_1 (120,30)
P_2 (40,40)	P_2 (150,40)	P_2 (80,40)	P_2 (120,40)
Enter	Enter	Enter	Enter

- Una vez terminado el formato, desarrollar los primeros trazos dentro del área delimitada del dibujo. Con las siguientes coordenadas:

Línea quebrada	Figura 1	Figura 2
P1(20,50)	P1(20,70)	P1(120,70)
P2(30,60)	P2(80,70)	P2(160,70)
P3(40,50)	P3(80,120)	P3(140,110)
P4(50,60)	P4(60,120)	P4(120,70)
P5(60,50)	P5(60,100)	Enter
P6(70,60)	P6(40,100)	
P7(80,50)	P7(40,120)	
P8(90,60)	P8(20,120)	
P9(100,50)	P9(20,70)	
P10(110,60)	Enter	
P11(120,50)		
P12(130,60)		
P13(140,50)		
P14(150,60)		
P15(160,50)		
P16(170,60)		
P17(180,50)		
Enter		

INICIAR EL PROGRAMA

Cuando iniciamos AutoCad por primera vez aparece la pantalla de un asistente que nos guiará en la creación de un nuevo dibujo. Podemos abrir un archivo guardado o iniciar uno nuevo.

1. Pulsa en el segundo botón (valores por defecto)
2. Pulsa en **Aceptar** para iniciar el nuevo dibujo.

A la vista tenemos la pantalla de trabajo de AutoCad.

LA VENTANA DE DIBUJO

Ratón: Las acciones que realizaremos en AutoCad serán con el ratón y el teclado. Hay que tener en cuenta que el ratón tiene la posibilidad de utilizar el botón derecho para acceder a menús rápidos.

Pulsa el botón derecho sobre diferentes zonas de la pantalla (zona de trabajo, barras de herramientas) y observa su contenido.

✱ **El cursor**: según donde situemos el cursor del ratón, éste adopta diferentes formas. Dentro de la zona de dibujo adopta la forma de una cruz. Si lo situamos sobre las barras de herramientas, adopta la forma de una flecha.

✱ **El visor de coordenadas**: en la parte inferior izquierda de la pantalla se encuentra el visor de coordenadas que nos informará de la posición exacta del cursor en la pantalla:

Mueve el ratón por la zona de dibujo y observa cómo cambian los números del visor de coordenadas.

Pulsa la tecla **F6** y observa cómo se desactiva la visualización del visor de coordenadas.

La rejilla: para facilitarnos la labor de dibujar líneas o cualquier objeto, podemos activar la rejilla de la zona de trabajo. La rejilla es una malla de puntos que nos permitirá ajustar los objetos en el punto que deseemos, aparte de movernos por la pantalla. La rejilla se activa y desactiva de dos formas:

✱ Pulsando el botón de la barra inferior
✱ Pulsando la tecla **F7**
✱ Pulsa repetidamente el botón mencionado y tecla mencionados y observa el efecto en la pantalla.

Forzar el cursor: aún con la rejilla en pantalla, es muy difícil ajustar el dibujo o el puntero del ratón en un punto determinado. Por ello, es posible forzar el cursor a que se desplace por los puntos de la rejilla. Para ello, podemos:

✱ Pulsar el botón de la barra inferior
✱ Pulsar la tecla **F9**

Pulsa la tecla **F9** y mueve la flecha del ratón por la pantalla. Observa cómo el puntero del ratón se ajusta automáticamente a los puntos de la pantalla. Observa también el visor de coordenadas; cambia de 10 en 10 unidades.

La ventana de Comandos: Es posible la utilización de órdenes a través del teclado. También es posible que en muchas ocasiones, podamos variar la acción de una orden mediante la ventana de comando. Se encuentra en la parte inferior de la pantalla, sobre la barra de estado:

Más adelante profundizaremos en la actuación de esta ventana. Durante el curso, la utilizaremos a menudo. Como introducción, prueba a hacer lo siguiente:

Escribe la orden LINEA.

* Observa el mensaje que aparece:
* Pulsa un clic en cualquier parte de la zona de trabajo.
* Observa el siguiente mensaje:
* Pulsa un clic en cualquier otra parte de la pantalla.
* Ahora podemos ir pulsando clicks en diferentes zonas de la pantalla. Para terminar de dibujar la línea, podemos:
* Pulsar la tecla Esc.
* Pulsar la tecla Enter.
* Termina el dibujo de la línea.

EL PRIMER DIBUJO

Vamos a iniciar nuestro primer dibujo. Se compondrá de un sencillo dibujo a base de líneas.

* Accede a **Archivo – Cerrar** para cerrar la ventana de dibujo actual.
* A la pregunta de guardar los cambios contesta negativamente.
* Accede a **Archivo – Nuevo** y acepta la ventana que aparece.
* Asegúrate de que están activadas la **rejilla** y el **forzado de coordenadas**.
* Pulsa el botón (línea) de la barra de herramientas de dibujo.
* Pulsa un clic en cualquier parte de la pantalla para situar el punto inicial de la línea.
* Dibuja un cuadrado hasta cerrarlo.
* Para finalizar la orden de línea, pulsa la tecla **Esc**.
* Habrás observado a medida que dibujabas, que Autocad iba marcando con una marca amarilla los puntos

automáticamente. De momento vamos a centrarnos en la creación de los primeros dibujos y más adelante ya veremos para qué sirven este tipo de marcas.

* Vamos a dibujar otra figura:
* Inicia la orden **LINEA**, pero ahora escribiendo la palabra **LINEA**.
* Dibuja cualquier forma, pero no la cierres:_
* Pulsa la letra **C**.
* Pulsa Enter.

Observa cómo Autocad ha cerrado automáticamente la figura en su punto inicial.

Seleccionar elementos

Para seleccionar un elemento podemos pinchar un clic sobre él o trazar una ventana en la pantalla que abarque todos los elementos que queremos seleccionar. Esta sería la forma más sencilla y manual.

* Pulsa clic sobre varios de los segmentos de alguna de las figuras que has dibujado:
* Si tienes problemas para pulsar sobre una línea, puedes desactivar el forzado de coordenadas.
* Ahora, pulsa la tecla suprimir (Supr.) del teclado para borrar la figura.
* A través de una ventana, selecciona la otra figura:
* Pulsa repetidamente la tecla Esc**.** para cancelar la selección del objeto.

Repetir una orden

Muchas veces nos encontraremos ante la repetición de alguna orden. Para no volver a pulsar o escribir la última orden dada, podemos:

* Pulsar el botón derecho del ratón y elegir la opción **Repetir...**
* Pulsar la tecla Enter.
* Dibuja una línea.

❋ Termina de dibujarla y pulsa Enter. Autocad volverá a preguntarte por su punto inicial.

Prácticas propuestas
Coordenadas relativas

Te habrás fijado que el visor de coordenadas muestra tres grupos de dígitos. Por ejemplo:

La esquina inferior izquierda de la zona de dibujo comienza en la coordenada 0,0,0. A medida que movemos el cursor, se mueven las coordenadas. El primer grupo de números representa la posición del cursor en el eje de las X, el segundo en el eje de las Y y el tercero en el eje de la Z (tres dimensiones).

Normalmente, si trabajamos en un plano en dos dimensiones, se moverán sólo los dos primeros grupos.

❋ Activa la rejilla y el forzado de coordenadas
❋ Inicia la orden **LINEA**.
❋ Mueve el cursor hasta que veas en la ventana de coordenadas la coordenada **200,160** (aproximadamente en el centro de la pantalla) y pulsa un clic.
❋ Ahora, con mucho cuidado, si mueves el ratón en horizontal, verás que se mueve el primer grupo. Si lo mueves en vertical se mueve el segundo grupo.
❋ Ahora, si tenemos el forzado activado, podemos buscar un punto a la derecha de la línea como por ejemplo el punto **200,190** simplemente moviendo el ratón hacia la derecha. ¿Pero qué ocurre si buscamos otro punto como por ejemplo **200,197**?
❋ Para ello utilizaremos el teclado:
❋ Escribe: **@98,0**
❋ Pulsa Esc.
❋ ¿Qué hemos hecho? Con esta orden, le decimos a Autocad que se mueva 98 unidades hacia la derecha, en el eje de las X y 0 unidades en el eje de las Y. Estos movimientos son **relativos** al último punto, es decir, que toman el último punto como inicio del siguiente segmento de línea.

Observa:

❋ La línea roja representa el eje horizontal (X) y la azul el eje vertical (Y). Si queremos desplazarnos por el eje de las X, debemos siempre utilizar el primer grupo de números. Después, dependerá si lo queremos hacer hacia la derecha (positivo) o hacia la izquierda (negativo).
❋ Por ejemplo: **@0,100** significa un desplazamiento de 0 en horizontal y de 100 en vertical hacia arriba.
❋ **@100,-36** significa un desplazamiento de 100 hacia la derecha y de 36 hacia abajo (negativo).
❋ Inicia la orden **LINEA**
❋ Pulsa un clic en cualquier parte de la pantalla para situar el primer punto.
❋ Escribe: **@150,0**
❋ **@0,150**
❋ **@-150,0**
❋ **C**
❋ Pulsa la tecla Enter.

Hemos dibujado un bonito cuadrado.
Coordenadas absolutas
Así como las coordenadas relativas toman como punto de partida el último punto y deben comenzar a escribirse con el signo de la arroba (@), las coordenadas absolutas toman como punto de partida la coordenada **0,0** de la pantalla, esto es: el punto inicial de la zona de trabajo en la esquina inferior izquierda.

❋ Selecciona todos los objetos y bórralos.
❋ Inicia la orden **LINEA**
❋ Escribe: **200,160** y pulsa Enter**.**
❋ Observa cómo el inicio de la línea se ha situado en la coordenada 200,160 a partir del punto 0,0 del inicio de la zona de trabajo.
❋ Escribe: **0,0**
❋ Escribe: **200,0**
❋ Escribe: **C**
❋ Pulsa la tecla Enter.

Este tipo de coordenadas que comienzan a partir del punto 0, se llama coordenadas absolutas.

Coordenadas polares

Inicia la orden LINEA y marca el primer punto en cualquier lugar de la pantalla.

Pulsa repetidas veces la tecla F6 mirando atentamente lo que está ocurriendo en la ventana inferior de coordenadas.

* ✳ Observa que existen tres modos:
* ✳ Desactivado o estático: los números no cambian hasta que pulsemos un clic en otro punto de la pantalla.
* ✳ Activado con los valores X, Y y Z separados por una coma.
* ✳ Polar: representando **longitud<ángulo,z**

Con las coordenadas **polares** podemos movernos según un ángulo. Por ejemplo, y siguiendo con el punto inicial de la línea que acabamos de comenzar a dibujar:

* ✳ Escribe: @50,45 y pulsa Enter
* ✳ Esto ha dibujado el siguiente punto de la línea de 50 unidades de longitud y en un ángulo de 45°. Veamos otro dibujo:
* ✳ Borra cualquier dibujo que tengas en pantalla.
* ✳ Inicia la orden LINEA
* ✳ Pulsa clic en cualquier parte de la pantalla.
* ✳ Escribe lo siguiente:
* ✳ @100,0
* ✳ @100<120
* ✳ C

Hemos dibujado un triángulo equilátero utilizando movimientos polares:

Es decir, a partir del segundo punto, hemos utilizado el movimiento polar para situar el tercer punto, con un ángulo de 120° con respecto al segundo.

El menú contextual

El botón derecho del ratón permite acceder rápidamente a muchas opciones de la pantalla, y también a acciones que afectan a la orden que estamos utilizando en ese momento.

1. Inicia la orden **LINEA** y dibuja un primer punto en la pantalla.
2. Dibuja un segundo punto.
3. Pulsa ahora el botón derecho del ratón.
   Las opciones que aparecen afectan a la orden Línea que estamos utilizando en ese mismo momento.
4. Elige la opción **Deshacer** del menú contextual.
5. Observa cómo se ha borrado sólo el último segmento.
6. Vuelve a pulsar el botón derecho y elige **Intro**.

Deshacer comandos y acciones

* Para deshacer la última acción podemos:
* Pulsar el botón derecho y elegir la orden.
* Escribir la letra **H**
* Acceder a **Edición – Deshacer**
* Pulsando el botón

Rehacer hace lo contrario, es decir, volvemos a la situación anterior a deshacer. Sólo funciona inmediatamente después de deshacer.

Guardar un dibujo

Sumamente fácil, Autocad guarda los dibujos con la extensión **DWG**

1. Accede a **Archivo – Guardar**
2. Selecciona la unidad y el nombre y acepta

BIBLIOGRAFÍA

📖 Cogollor Gómez, José Luis (2004) Domine AutoCad, México, Alfaomega-RAMA,

- González Nava, Luis Manuel (2003) AutoCad 2004 de la pantalla a la realidad, México, GIC.
  Morciego García, Carlos E. "Introducción a la Gráfica de Ingeniería, Desarrollo Evolutivo y Actualidad Computacional" *Revista Pedagogía Universitaria de la Universidad de Camagüey: Vol. 9 No. 3 (versión digital) – Enero-Diciembre de 2004* (Profesor de Gráfica de Ingeniería. morci@em.reduc.edu.cu; morci@cubasi.cu)
- Xavier Castelltort F. (1989) AutoCad, *Metodología y aplicaciones práctica,* Gustavo Gili, España, 1a.
- W. Jonson David & Jonson Rogert (2003) El Aprendizaje Cooperativo en el Aula. México, Paidós
- W. Best John. (2002) **Como Investigar en Educación**. Morata, España

INTERNET

- Universidad de Navarra España
  www.unav.es/cti/manuales/AutoCAD/index.html
- AutoCAD 2002, Grupo Abstract, Venezuela Caracas-Valencia.
- AutoCAD, "La Solución Global al Diseño CAD", Autodesk.
- "Auto CAD Versión 13 Para Principiantes", Dennis S. Balagtas, Michael E. Beal, Jim Fitzqerald., Mac. Gram Hill.
- Guía de AutoCAD 2000, Israel Sabater.
  www.GrupoAbstract.Com
  www.unav.es/cti/manuales/pdf/autocad.pdf
  w w w . m u n d o t u t o r i a l e s . c o m / tutorial**introducción**al**autocad**-dtutorial565495.htm

CAPITULO VI

UNA CITA CON EL PENSAMIENTO

Uno suele encontrar su destino en el sendero que toma para evitarlo.
Puede qué tú historia no tenga un principio muy feliz, pero no te hace quién eres.
Es el resto de tú historia, quién decidas ser.
Entonces...... ¿Quién eres?
Anónimo

1) Un pausa para la reflexión

Los textos en presentados en esta sección se escribieron exprofeso como una manera de agradecimiento a la Dra. María Dolores García Perea, fuente de inspiración que me impulso a estudiar la Maestría y Doctorado en ciencias de la educación. He querido compartirlo a mis colegas docentes e investigadores; en el proceso, la formación y comprensión de la investigación. A manera de estrategia para poner en común de estudiantes y docentes estas ideas a través de las experiencias de sus investigaciones plasmado en sus artículos publicados en los años de 1995 y 1996. En cuanto al destino de estos artículos aparecieron en el órgano informativo de la Universidad Autónoma del Estado de México "LA MORA".

Me pareció conveniente aprovechar este espacio presentar para el publico lector los trabajos realizado durante los estudios de Doctorado en el Colegio de Estudios de Posgrado de la Ciudad de México (Colpos). Como de artículos publicados, en ponencias.

Los artículos expuestos es crear en los lectores la inquietud de escribir y publicar artículos plasmando sus pensamientos e ideas y no ser lectores natos. Aquellos que concluyeron estudios de posgrado, razón de más, su formación como investigador es una profesión de vida, desde la cual organizan los ámbitos de toda cotidianidad. Esa es mí esperanza.

2) Simulación o formación ética

Por María Dolores García Perea
Revista "LA MORA"
Año 2, No. 2, Dic. 1995.

La idea central que subyace en la construcción de este ensayo, es la de realizar una reflexión critica acerca de dos actitudes diferentes que asumen algunos estudiantes en torno al problema de la formación ética.

La primera, la actitud consciente, responsable y comprometida de quienes acuden a las instituciones en busca de los procesos formativos; y la segunda, la simulación o actitud fingida, apática e irónica que adoptan ciertos estudiantes a dichos procesos.

La experiencia particular que motiva esta disertación corresponde al hecho singular donde se descubre que los alumnos inscritos al seminario X, no asistirían a la sesión académica previamente programada y analizada.

Durante el tiempo de espera, recordaba algunas ideas vertidas por los alumnos sobre los problemas y limitantes que obstaculizaban el seguimiento óptimo de los estudios de posgrado que realizaban en esos momentos, entre algunos de ellos encontramos: El conflicto laboral; la falta de tiempo y presupuesto económico; los síntomas de malestar de contenido y dirección de otros seminarios; etcétera.

También recordaba la ilusión y el deseo que implica para mí analizar la primera teoría sistematizada de la educación, la cual se encuentra vertida en los diálogos platónicos: La Republica, Teetetos y Menón.

Pero, ante el hecho consumado de la ausencia total del grupo, era prioritario realizar algunas reflexiones críticas sobre el tema: Simulación o Formación Ética, la cual se inició con las siguientes ideas.

Creo entender, que todas nuestras acciones diarias provienen de un tipo de energía interna del hombre llamado deseo y éstos pueden ser explicados en la vida cotidiana a través de los actos de elección que realiza el hombre en el mundo de la vida.

Si entendemos al deseo[1] como el vacío que ha quedado o que se ha creado en la parte interna, nos sería mas fácil llamarle con el termino de falta que hace del hombre un ser incompleto; vacío que de continuo exige se llenado a través de actos de elección que le permita sentir, aunque sea de manera momentánea y/o aparente, su completud.

Por tal motivo, reconocer nuestros deseos no es una tarea fácil, sin embargo algunos seres humanos defienden con fiereza y convicción sus decisiones y elecciones porque han podido reconocer el deseo que prevalece en ellos; pero algunos otros por más esfuerzos que realizan, no les es posible ni reconocerlos ni percibirlos.

El deseo, al igual que una espina enterrada en la piel, nos hace sentir dolor, angustia y desesperación porque no sabemos de dónde proviene, pero sin embargo, está ahí, como la sombra que no se proyecta pero que siempre nos acompaña y nos sigue. Su incisión sobre nosotros es de manera latente, real, libre y espontanea incitándonos siempre a la búsqueda constante de su satisfacción.

Aunque mi intención no es profundizar sobre el concepto deseo, apelo a un término que es mucho mas familiar para nosotros, la palabra fantasía, Lacan y Broch la utilizan para argumentar que, el deseo existe y que se proyecta como tal en la vida del hombre. La fantasía es el correlato del deseo, es la esperanza viva, interna, que inyecta al hombre la cualidad del no hermetismo.

En la vida cotidiana, la esperanza, la fantasía, la ilusión son "modus vivendus" que buscan intercomunicarse con los distintos medios que existen en la sociedad, y a partir de ellos realizar y/o satisfacer el deseo humano. El carácter dinámico del deseo, enfatizar Broch, permite al hombre, "Pensarse en algo mejor es algo que en principio solo tiene lugar interiormente. Muestra cuanta juventud vive en el hombre, cuanto hay en el que espera"[2].

Dichos medios ofrecen diversas alternativas que pueden o no consolidar el logro de los deseos mentados, sin embargo, ante los embates de los dilemas que surgen, el hombre debe estar consciente de la actitud ética que debe asumir en los actos de elección de éstos.

De acuerdo a la postura de Alberoni, el dilema se presento como el hecho central de la vida ética[3], en éstos espacios que se para consolidar nuestros deseos. El acto de elegir determinar la eticidad humana.

En base a lo anterior, no basta simplemente en seleccionar cual de los medio es el más fácil de llevar a cabo, sino reconocer que el acto ético de la elección implica envestirse e interpelarse del compromiso y responsabilidad que se adquiere y se asume en el acto mismo de elegir un medio.

Regresando a la idea central de la disertación, quien decide entra a los proceso de formación, está consciente del compromiso y la responsabilidad que ésta adquiere en la constitución del ser humano; porque no basta pensar ni idealizar para transformar el mundo. Al contrario, hay que vivirla, sentirla, experimentarla en el interior del hombre para poder hacerla realidad.

La formación ética, es un espacio que requiere ser trabajado por el ser humano, su construcción obedece a las distintas interrogaciones de la realidad en sus fases de origen, de legitimidad y perspectiva de la cual surge, pero también depende del análisis que compromete a una doble alucidación de la realidad objetiva y de lo que ésta aparenta como problemática del deseo y del compromiso[4].

Por ejemplo, algunos estudiantes piensan que los procesos de formación ética que se desarrollan en las instituciones educativas, se caracterizan por un carácter de obligatoriedad e imposición externa, mientras que su intención, en el perfeccionamiento del hombre se perfila en el acto de caricaturizar su personalidad hacia los modelos "deber-ser" y "deber-ser".

Por desgracia la improntitud de las apreciaciones de los alumnos y revalorar los sentidos que se gestan al paladear los verdaderos procesos de formación ética.

Por ejemplo, aquellos momentos aparentemente fastidiosos y molestos para algunos estudiantes, como lo son: Las noches de desvelos por leer, escribir, discutir, reflexionar, etcétera; los sacrificios económicos que implica la compra de libros; el poco tiempo que se tiene disponible para la convivencia con familiares y amigos; se convierten bajo los brazos formativos, en momentos de goce individual, que se exteriorizará en los momentos de presentar los descubrimientos a las personas que les rodean.

Parafraseando a Heidegger, la simulación y la formación pueden ser explicadas con el simil de la barra lineal, en un extremo reposa la simulación bajo el emblema del miedo y en el acto la formación como agente de angustia.

En el sentido literal, el miedo paraliza e inmoviliza al hombre, crea pasividad de los deseos, emociones, entendimiento, razón experiencia, etcétera; la angustia por el contrario es el motor que impulsa al movimiento, al cambio, a la transformación, a la humanización del ser humano.

Recordemos el apelativo designado a Aristóteles por sus adversarios "un hombre peripatético", que lejos de ofender su actitud del filosofo, lo cubre de gloria; pues dicho concepto refiere que, en el caminar se construye procesos de formación ética.

En la eticidad de dichos procesos, la idea central es llevar al miedo al extremo contrario, donde al igual que en un proceso legal se le juzgue, critique y reflexione. De igual manera creo, que el hombre al exponer su vida a la muerte, reconocerá sus cambios, sus transformaciones en la dimensión de la formación ética. Sólo a la luz de quien se juzga e interpela podrá humanizar su calidad de hombre en el mundo de la vida.

Al igual que el trabajo artístico, los procesos formativos se presentan de manera similar, la obra de arte se gesta al morir la forma natural del material con que fue creada. Metafóricamente hablando, la formación ética es el acto consciente del morir, pues se sabe que la única forma de gestar una nueva vida es a través de ella.

En la ilustración la formación es concebida como: La condición de la existencia (Hegel); o el proceso por el cual se adquiere cultura (Herder); o la cultura de la capacidad como acto de libertad del sujeto que actúa (Kant) o al modo de percibir que procede del conocimiento y del sentimiento de la vida espiritual y ética que se derrama armoniosamente sobre la sensibilidad y el carácter (Humboldt)[5]; o aquel trabajo por si mismo que se realiza a través de los medios que se ofrecen o que uno mismo se procura[6]; en la actualidad se le redice al emblema del conformismo automático llamado fetiche de consumo.

Braudillard, Adorno, Horkheimer, Gadamer, ética, por ejemplo, reclama abiertamente que en las sociedades industriales, la formación ética es envuelta en la frivolidad que caracteriza la compra de objetivos materiales, siendo el fin el aparentar un proceso formativo del cual no se tiene o esta cada vez mas lejos de alcanzarse.

Es como pensar que, si tengo un certificado de estudios de posgrado, puedo demostrar que somos personas cultas y formadas, responsables y comprometidas ante uno mismo y ante el mundo de la vida. No es fácil comprender que los seres humanos gastamos esfuerzo, dinero y tiempo en compras frívolas solo demostrar y legitimar una posición profesional que se desempeña en la vida cotidiana.

Cuantos de nosotros hemos negado a escuchar los canticos de la formación, ante la angustia y el desgarramiento que provoca, en nuestro cuerpo, el oleaje de sus procesos. Cuanta verdad y mentira encontramos en los actos de elección de deseo, cuando demandamos procesos de formación ética, como acto de ocultar, negar y olvidar la simulación que hacemos de ella.

Y al final de la reflexión critica que he realizado me pregunto cómo otras tantas veces lo he hecho: ¡que desean algunos estudiantes en realidad, la simulación o la formación ética?

Usted lector que ha seguido el desarrollo de esta disertación ¿Qué opina?

Bibliografía

1. Es necesario puntualizar que los conceptos deseo y necesidad refieren a hechos completamente distintos. El primero se relaciona a "huellas mnémicas" que constituyen a los seres humanos, mientras que la necesidad es una conducta de índole instintiva de los seres vivos.
2. Principio de esperanza. Ernt Broch. Cap. 17. Ed. Pag. 187.

3. Las razones del bien y del mal. Francesco Alberoni. Ed. Gedisa. Pag. 72
4. El trayecto de la formación. Gilles Ferry, Ed. Paidos. Pag. 79

Vocabulario

Completitud.- Propiedad de un sistema lógico por la que cualquier expresión cerrada es derivable o refutable dentro del mismo sistema.

Disertación.- Es una presentación de tipo oral de alguna persona sobre un tema específico, generalmente apoyada por medios gráficos, auditivos o visuales. Es bastante común en la enseñanza secundaria y se utiliza como método de autoformación del estudiante sobre el tema específico designado para disertar, así mismo se debe haber realizado con anticipación una investigación previa. Si bien puede haber variantes, lo más común es que en la disertación una persona hable sobre el tema a una asamblea o a su clase apoyándose en los medios gráficos o audiovisuales que ha llevado consigo para realizar su presentación. En la educación secundaria se le critica el hecho de ser un esquema rígido y poco motivante de entrega de información. También es conocido como un discurso argumentativo o exposición.

3) Implicaciones epistemológicas en la problematización

Por María Dolores García Perea
Revista "LA MORA"
Año 3, No. 28, Dic. 1996.

Las siguientes líneas tienen la intención de explicar lo que ocurre sobre un proceso que permanece oculto, ignorado y olvidado, la vigilancia epistemológica que se realiza al construir el problema de investigación. Iniciare la disertación a través de la siguiente pregunta ¿Por qué es difícil precisar el objeto de interés en la investigación o en la elaboración de un ensayo?

La mayoría de quienes nos dedicamos a la investigación o de quienes nos dedicamos están preocupados e interesados por desarrollar un tema o un proyecto de investigación parecen olvidar, ignorar y ocultar que el punto de partida es el hecho mismo de aclarar ¿Qué es lo que pasa en nuestro pensamiento cuando se decide de lo que se va a hablar?

Las diversas experiencias que se viven en los productos escritos que tienen que elaborar los estudiantes para acreditar un curso o seminario, permite apreciar que en su mayoría la preocupación central está dirigida al cómo le van hacer para desarrollar el tema, ignorado quizás, que si bien la parte metodológica es de suma importancia en los procesos de investigación, lo es más la parte epistemológica sobre el cómo lograrán discernir el objeto de interés del cual van a trabajar.

Dentro del ámbito investigativo encontramos estudiantes que de manera sorprendente descubren inmediatamente el problema de investigación, mientras que otros la facilidad y la habilidad para hacerlo escapan de las manos ante las preguntas:

¿De que voy hablar?
¿Qué es lo que tengo que decir?
¿Cómo lo tengo que decir y desarrollar?

El problema se complica mucho más cuando se sabe de antemano que el producto que se entregue, será el instrumento de mayor peso en la selección para ingresar como alumnos a un plan de estudios.

Cuando se dice que es un proceso oculto, es porque muchos de nosotros, aunque la realizamos no la podemos ver ni descubrir, olvidada porque aunque todos la llevamos a cabo no le damos la importancia que merece, e ignorada porque se piensa que lo más importante de un producto de investigación está en la parte metodológica que en lo epistemológico. En este, *¿en qué consiste esta parte oculta, olvidada e ignorada que hay atrás de la elección del problema de investigación?*

Primeramente es necesario distinguir que el problema y la investigación son dos cosas diferentes, sin embargo no pueden ser trabajadas de manera aislada e independiente, sino que ambas siempre se interrelacionan, se vinculan y se complementan, por tal motivo no pueden ser separadas.

Cuando se habla del termino *"problema de investigación"* es importante señalar que ella a pesar de ser producto de un proceso problematizador, no puede ser definida como problematización, porque problema de investigación y problematización son dos actividades distintas.

El problema de investigación se refiere al encuentro con un *"algo"* que el individuo ha descubierto y lo ha impactado. Un *"algo"* que debe recibir el nombre, una palabra o signo lingüístico, para ubicarlo en el tiempo y en el espacio. En otras palabras, un nombre que le diferencie de otras cosas, que con claridad, concreción y precisión de contenidos. Un nombre que enumere las atribuciones y cualidades que probablemente debe poseer para ser investigado.

Problematizar no es formular el problema sino suspender momentáneamente la investigación para reflexionar *¿Cómo se decide poco a poco lo que se refiere investigar?*, es hacer un alto conceptual para clarificar el proceso por el cual el individuo decide lo que va a investigar.

Por ejemplo, el termino formación es una categoría que incluye una diversidad de aspectos, propiedades, particularidades, elementos que es necesario distinguir para precisar *¿Cuál o cuales de ellos se convertirán en el objeto de estudio que se investigará?*. Problematizar significaría entonces, el proceso y el producto que caracteriza la arquitectura y la estrategia que construye el investigador para determinar el problema de investigación.

Prosiguiendo con la formación, quiérase o no, el término tiene una historia que demarca, limita y delimita como una categoría distinta de otra como lo puede ser *"plusvalía"* y **"estado"**. En su interior se encuentran depositadas diversas connotaciones que le dan sentido y significa como lo son: Información, cultura, subjetividad, intersubjetividad, vivencia, experiencia, tradición, autoridad, poder, ética, memorización, recuerdo, capital cultural, etcétera.

También se encuentran relaciones articuladas que se desplazan en un van y vienen en línea de caminos intercomunicativos de las cuales se originan de las cuales se originan, estas líneas son antecedente-consecuente, anterior-posterior, esencial-accidental, latente-fenoménico, acción-reacción, causa-efecto, macro-micro, etcétera. Dichas articulaciones hacen concebir a la formación como una totalidad compleja difícil de asir y de construir.

La formación al convertirse en un problema de investigación requiere ser reflexionada a partir del referente que la constituye, por lo que el individuo que la quiere estudiar debe partir del conocimiento de éste no como un producto de la imaginación, sino como un problema determinado por perspectivas empíricas, gnoseológica, teóricas, epistemológicas, metodológicas, etcétera, lo que le permite ser investigada desde los noveles de la explicación, intervención, diagnostico, descripción, histórico, documental, toma de decisión, apoyo a la investigación, etcétera.

Problematizar el término formación implica un saber en donde de continuo y paulatinamente se cuestiona el individuo, pues se trata de confrontar lo que cree saber el hombre con lo que realmente sabe en tanto a los referentes que existen y que hablan de ella. El encuentro y el reencuentro con dichos marcos de referencia contribuyen no sólo a identificar las historias y los textos que hay atrás de esta categoría, sino también el reconocimiento de ésta al pasar por las mediaciones entre el sujeto y la investigación.

La problematización conlleva una actitud que desprende de la manera de ser investigador, en esta actitud, la repetición mecanizada de los aspectos y elementos que se descubren en las fuentes bibliográficas deben ser excluidas y alejadas por el propio investigador, ya que el pensamiento del hombre tiende a rebasar los linderos de la teoría. Para Hugo Zemelman el hombre no es un contenido determinado de conceptos y teorías, sino es un ser con deseos, esperanzas, angustias, temor, sueños, fantasías, etcétera, es un ser contradictorio, complejo e incompleto cuya falta tratará de llenar a través de la investigación.

La problematización no puede ser considerada como fases, momento y etapas, pues no es un recorrido lineal ni unidireccional, sino es un saber hacer donde se organiza el referente de saberes y conocimientos que constituye a los conceptos y categorías. Identificar los componentes estructurales del objeto de interés permite al individuo elegir el aspecto que más le satisfaga convirtiéndolo en un problema de investigación, el registro de los diversos caminos para llegar a él permite seleccionar el más pertinente e idóneo, haciendo las previsiones necesarias de acuerdo al nivel de análisis que se hace de ella.

La problematización está estructurada, según Ricardo Sánchez Puentes, en diversas arquitecturas y estrategias que permiten descubrir no sólo el carácter polisémico y multívoco de los términos, sino también se logran apreciar diversas interpretaciones que de ella emanan cuando han sido tematizadas por psicología, historia, política, economía, religión, filosofía, etcétera.

La problematización como actitud artesanal permite a la sagacidad del investigador realizar distintos esquemas que en base a procedimientos técnicos ayuden a discernir lo que será el problema de investigación. El esquema problematizador al igual que el mapa topográfico, además de ubicar e identificar los aspectos y componentes que estructuran al objeto de interés, también permiten establecer relaciones entre ellos, pronosticar y prevenir obstáculos a través de rutas emergentes a fin de localizar el que tiene mayor grado de significatibilidad con el investigador. Dichas rutas permiten determinar si el problema está resuelto, no resuelto, no planteado, mal planteado, pertinente o insoluble.

Orto esquema podría ser el recatar las intuiciones originales que se tienen con el primer acercamiento al objeto de interés, pues ellas conllevan a identificar punto de incidencia entre el objeto y los marcos de referencia que tiene el investigador.

El describir la situación del objeto, ayuda a no perder los reales empíricos en la problematización, pues al elaborar un enlistado de lagunas, necesidades y carencia se abre un abanico de posibilidades desde donde acercarse a lo que será el problema de investigación.

Al igual que la arquitectura y la estrategia que se emplea en la construcción de edificios, la arquitectura y la estrategia de problematización puede proporcionar una infinidad de esquemas que el investigador debe valorar para la pertinencia y factibilidad del objeto de interés, por ello problematizar no es una actividad estática, sino dinámica que implica reacomodo y transformación constante en cuanto se tiene que identificar lo que se va a estudiar.

Al culminar dicha reflexión epistemológica ya no se hablará por ejemplo, del problema de la formación, sino que se referirá a una pequeña porción de ella, que posteriormente puede ser confrontada, complementaria y rectificada por otra porción, y así sucesivamente hasta adentrarse en las profundidades y complejidades que la constituyen como una categoría teórica.

Por lo tanto, se hablara de la simulación en los procesos de formación, o de la tradición en la formación, o en la formación, ética en la formación, etcétera.

Bibliografía

Sánchez Puentes, Ricardo. "Didáctica de la investigación social y humanista en la enseñanza superior. **Reflexiones epistemológicas**". Cuadernos del CESU No. 31, pp. 59-86.

_____ "Didáctica de la problematización en el campo científico de la educación" Revista perfiles educativo No. 61, jul-sept, 1993, pp. 64-78.

_____ "La investigación científica en ciencias sociales". Revista Mexicana de Sociología. No. 1, ene-mar, 1984. Ed. Instituto de investigaciones sociales, UAM, pp. 129-160.

_____ "Por una didáctica diferente de la investigación en la enseñanza media superior". Cuadernos del CESU No. 25, pp. 75-92.

Zelman Merino, Hugo. Afirmarse en horizontes o colocarse en el límite. **Horizontes de la razón**, tomo II, Ed. Anthropos, Colegio de México, 1992, pp. 165-182.

4) Teorías de la educación

Por: Gregorio Sánchez Ávila
Doctorante Colpos, 2009

El Constructivismo
Al mencionar el constructivismo se está haciendo mención a un conjunto de elaboraciones teóricas, concepciones, interpretaciones y prácticas que junto con poseer un cierto acuerdo entre sí, poseen también una gama de perspectivas, interpretaciones y prácticas bastante diversas y que hacen difícil el considerarlas como una sola.

Esto significa que conocemos la realidad a través de los modelos que construimos para explicarla, y que estos modelos siempre son susceptibles de ser mejorados o cambiados.

Para Piaget, desarrolló varios estudios de psicología genética, que dan nombre a su teoría (teoría psicogenética), misma que explica la forma en que los seres humanos otorgan sentido a su mundo al obtener y organizar mentalmente la información. Las aportaciones de Piaget han cambiado radicalmente nuestra forma de concebir el desarrollo, por que es de suma importancia comprender los conceptos centrales y categorías que dan forma a su teoría, que son de la siguiente manera:

- Sensoriomotor: cuando el niño usa sus capacidades sensoras y motoras para explorar y ganar conocimiento de su medio ambiente.
- Operaciones concretas: cuando los niños empiezan a pensar lógicamente.
- Operaciones formales: cuando empiezan a pensar acerca del pensamiento y el pensamiento es sistemático y abstracto.

Así mismo, los tres mecanismos para el aprendizaje son:

1. *Asimilación*: adecuar una nueva experiencia en una estructura mental existente.
2. *Acomodación*: revisar un esquema preexistente a causa de una nueva experiencia.
3. *Equilibrio*: buscar estabilidad cognoscitiva a través de la asimilación y la acomodación.

Como se puede apreciar la interacción entre realidad, asimilación y acomodación, están en la concepción constructivista de la teoría de Piaget. El conocimiento se construye en este concepto.

Para Vygotsky, el aprendizaje se centra en símbolos matemáticos, de escritura, todo aquello que tiene significado definido socialmente. Su concepto se centra en la mediación y la zona del desarrollo próximo, la conducta humana como herramientas materiales y herramientas simbólicas que constituye la esencia humana. No s enfrenta al mundo por si solo sin la ayuda de estas herramientas.

Además del lenguaje que estimula el desarrollo del pensamiento. Así mismo los símbolos de la escritura aumenta el desarrollo del pensamiento del individuo. La actitud mental, con la percepción, la atención voluntaria, las emociones, el pensamiento, como también el manejo del lenguaje, la solución de problemas; representando un cambio al socializarse con sus semejantes.

Vygotsky denomina a la ley de doble formación: la interpsicológica refiere entre personas y la intrapsicológica se refiere a su interior, de igual manera aplicada a la atención voluntaria, memoria lógica y formación de conceptos. Estas funciones superiores dan origen a las relaciones humanas.

A diferencia de Piaget menciona la maduración biológica es una condición indispensable para el aprendizaje. Por el contrario, Vygotsky establece que el desarrollo cognitivo es provocado por el aprendizaje creando procesos educativos incitando el desarrollo mental del alumno a la zona del desarrollo próximo (ZDP):

"La distancia entre el nivel real de desarrollo determinado por la capacidad de resolver independientemente un problema, y el nivel de desarrollo potencial determinado por medio de la resolución de un problema bajo la guía de un adulto o en colaboración de otro compañero capaz.

Para Ausubel, *el aprendizaje significativo, de acuerdo con* Ausubel, se centra en el aprendizaje de materias escolares fundamentalmente. La expresión "significativo" es utilizada por oposición a "memorístico" o "mecánico".

Para que un contenido sea significativo ha de ser incorporado al conjunto de conocimientos del sujeto, relacionándolo con sus conocimientos previos.

Este tipo de aprendizaje se da cuando el alumno relaciona los conocimientos recién adquiridos a la estructura de conocimientos previos, si el alumno descubre las semejanzas entre diferentes conocimientos, y si principalmente, adopta la actitud responsable con respecto a su propio aprendizaje; de este modo el conocimiento adquirido se hace significativo.

En el aprendizaje por repetición, la tarea o material potencialmente significativo se realiza durante el proceso de internalización.

Cuando se ha logrado el aprendizaje por descubrimiento, el contenido se hace significativo.

El aprendizaje de equivalencias representativas puede considerarse más propiamente como una forma primitiva del aprendizaje significativo.

Deben fundamentarse en conceptos y principios claramente comprendidos, y las operaciones constitutivas deben ser significativas por sí mismas.

Para Ausubel el aprendizaje es un proceso dinámico, activo e interno, que se da en mayor medida en cuanto lo adquirido previamente apoya lo que se está aprendiendo; a la vez que se reorganizan otros contenidos similares almacenados en la memoria. Asimismo distingue varios tipos de aprendizaje: el **significativo**, el **repetitivo** o **memorístico**, el **receptivo** y el aprendizaje **por descubrimiento**.

Las características más relevantes de la obra de Ausubel son su *carácter cognitivo* y su *carácter aplicado*, ya que se centra "(...) *en los problemas y tipos de aprendizaje que se plantean en una situación socialmente determinada, en la que el lenguaje es el sistema básico de comunicación y transmisión de conocimientos".*

La etnografía critica

Ubica el estudio de la cultura, el significado de las personas y las experiencias de vida con dimisiones políticas y democráticas.

Su objetivo de la investigación social permite la libertad del hombre de la opresión de su entorno. Considera la influencia de valores del investigador en su trabajo esta limitado por el contexto institucional donde realiza su actividad laboral. Así mismo los procesos sociales deben considerar el contexto social e histórico. Esta fuertemente estructurada por las relaciones materiales implícitas en formas culturales. Así también la importancia concedida a la historia en la investigación social basada en Marx.

La pedagogía crítica

Plantea la formación e información impartidas en las escuelas, plantea Paolo Freire sostiene el cambio educacional con sus transformaciones profundas, como de sus expresiones políticas e ideológicas. El principal instrumento para el desarrollo de una conciencia crítica.

Freire menciona "la imposibilidad de ser neutros frente al mundo, ante el futuro que lo entiendo como un tiempo para ser hecho a través de la transformación del presente que nos coloca necesariamente ante el derecho de posicionarnos como educadores, el deber de no callarnos, el derecho y el deber de ejercer la practica educativa en coherencia con nuestra practica política"

BIBLIOGRAFIA

Briones Guillermo (2008) Teoría de las Ciencias Sociales y de la Educación. *Epistemología*, 8a. reimpresión, Trillas, México. pp. 147-163.

5) Las teorías cognitivas del aprendizaje y el AutoCad

Por: Gregorio Sánchez Ávila
Doctorante Colpos, 2009

Introducción
Desde los tiempos más remotos el hombre ha empleado el dibujo para comunicar ideas a sus semejantes y para registrar estas ideas a fin de no olvidarlas.

El hombre ha desarrollado el dibujo a lo largo de dos trayectorias distintas, empleando cada una de ellas con finalidad diferente. En este caso el dibujo técnico es utilizado en todas las ramas de la ingeniería y la arquitectura.

Todo objeto fabricado existen dibujos que describen completa y exactamente, su conformación física, comunicando las ideas del dibujante al operario. Por tal motivo es el lenguaje de la industria.

A través del tiempo han traídos grandes cambios en su apariencia física, restiradores e instrumentos y materiales de referencia.

La tecnología en el dibujo ha progresado con la introducción de la computadora realizando con una rapidez increíble, con el empleo de instrumento de punta obteniéndose un progreso notable y continuo avanzado a pasos gigantesco en esta época actual. Haciendo posible la incorporación de la computadora y el software de AutoCad en el programa de dibujo técnico de secundaria, como lo veremos en el siguiente punto.

Desarrollo

Organización de los contenidos. Los programas de educación tecnológica están integrados por contenidos de los dos componentes curriculares, los cuales se han estructurado en temas y subtemas, que se agrupan en grandes campos temáticos, ya sea de manera integrada, en secuencia alternada o en forma independiente; agrupación que está dada por la relación que guardan entre sí los diversos contenidos, sea en términos de continuidad (antecedente-consecuente), de grado de complejidad o de conocimientos previos del alumno (adquiridos o potenciales).

Los primeros pasos para iniciar en este programa a través de sencillos ejemplos comentados paso a paso.

El lector siga este curso debe tener en cuenta que desde aquí se enseña las herramientas necesarias para abordar un proyecto de dibujo, y aprender a utilizar la aplicación con dibujos reales. No pretendemos formar a nadie en conceptos tales como arquitectura, ingeniería o similares.

Cuando accedemos por primera vez a AutoCad, observamos un cuadro de diálogo que nos muestra la posibilidad de utilizar un asistente para comenzar un dibujo. De momento obviaremos dicho asistente y nos centraremos en las órdenes y menús del programa. La pantalla que aparece es una pantalla típica de cualquier aplicación de Windows:

Suponemos que todo el mundo sabe utilizar los menús de cualquier programa de Windows así como las operaciones básicas con objetos, como clic, doble clic, arrastrar, mover, etc. Las órdenes en AutoCad podemos introducirlas de varias formas:

❖ A través de un **menú** (por ejemplo: Archivo - Guardar)
❖ A través de un **botón** de las barras de botones

❖ A través del **menú de pantalla** (que ya lo veremos más adelante)
❖ A través del **teclado** desde la **Ventana de comandos**

La Ventana de comandos se visualiza en la parte inferior de la pantalla y nos indica el comando que se esta utilizando en cada momento, así como sus variaciones. Cuando se vea la palabra **Comando**, se nos indica que el programa no está haciendo nada, y espera a que introduzcamos una orden.

Para controlar el dibujo de diferentes entidades, la utilización de coordenadas. De esta forma de indicar exactamente la longitud o ángulo de una línea por ejemplo. En los dibujos en 2 dimensiones, debemos indicarle un punto especificando las coordenadas X (horizontal) e Y (vertical). Utiliza un sistema de coordenadas absolutas y polares:

Coordenadas absolutas:

Un punto del dibujo se indica escribiendo la coordenada X e Y con respecto al **origen** de coordenadas (0,0) situado en la parte inferior izquierda de la pantalla. Ambos valores van separados de una coma.

Coordenadas polares:

Indica la longitud de un segmento y el ángulo que forma con respecto al ángulo 0 y en sentido antihorario. Los valores de la distancia y el ángulo están separados por el símbolo **<**. El ángulo se tiene en cuenta a partir del ángulo 0 y en sentido contrario a las agujas del reloj. Por ejemplo, el crear un triángulo equilátero. Los pasos necesarios serán los siguientes:

Ventana de mensajes y órdenes

Es la ventana aparece los mensajes correspondientes a las órdenes que se ejecutan. También puede introducir órdenes en esta línea de comando. Originalmente, el programa coloca esta ventana en la parte inferior, pero al igual que ocurre en el resto de ventanas, podrá modificarse su tamaño y posición. A veces, esta ventana es demasiado pequeña para ver el total de los mensajes, y se recurre bien al aumento de la misma, o lo que es más habitual, a la pantalla de texto.

Mientras se trabaja en un dibujo, se debería guardar con frecuencia. Si se desea crear una nueva versión de un dibujo sin que se vea afectado el original, puede guardarlo con un nombre diferente. Así mismo para desarrollar el trabajo empleamos las barras de herramientas:

La barra de Herramienta *Dibujo*, es una de las barras flotantes que AutoCad abre por defecto al iniciar el programa.

La barra de Herramienta *Modificar*, es otra de las barras flotantes que AutoCad abre por defecto al iniciar el programa.

La referencia a objetos es una forma rápida de emplazar con exactitud un punto en un objeto sin tener que conocer sus coordenadas ni dibujar líneas auxiliares.

Así mismo con el apoyo de las teorías cognitivas, que son muy importantes para el aprendizaje de este Software educativo.

El aprendizaje y de la enseñanza parte del hecho obvio de que la escuela hace accesible a sus alumnos aspectos de la cultura que son fundamentales para su desarrollo personal, y no sólo en el ámbito cognitivo, la educación es motor para el desarrollo globalmente entendido, lo que supone inclina también las capacidades de equilibrio personal, de inserción social, de relación interpersonal y motrices.

Parte también de un consenso ya bastante asentado en relación al carácter activo del aprendizaje, lo que lleva, lo que lleva a aceptar que es fruto de una construcción personal, pero en la que no interviene sólo el sujeto que aprende de los otros significados, los agentes culturales, son piezas imprescindibles para construcción personal, para ese desarrollo al que hemos aludido.

Este tipo de aprendizaje es explicativo y permite integrar posiciones a veces muy enfrentadas, no opone el acceso a la cultura, a! desarrollo individual. Al contrario, entiende que éste aún poseyendo una dinámica interna (como Piaget ha mostrado) toma cursos y formas dependientes del marco cultural en que vive la persona en desarrollo; entiende que dicho desarrollo es inseparable de la realización de unos aprendizajes específicos.

No opone construcción individual a interacción social; se construye, pero se enseña y se aprende a construir.

Para aprender a construir, es reproducir la realidad, no es copiar.

De acuerdo a la Teoría Constructivista se aprende cuando somos capaces de elaborar una representación personal sobre un objeto de la realidad o contenido que pretendernos aprender, esto implica aproximarse a dicho objeto o contenido con el fin de aprender, no es una aproximación vacía, es a partir de las experiencias, intereses y conocimientos previos que pueden dar cuenta de la novedad.

En este proceso, no solo modificamos !o que ya poseíamos sino que también interpretamos lo nuevo en forma peculiar, de manera que podamos integrarlo y hacerlo nuestro.

Lo anterior me hace reflexionar están consientes los docente para el cambio de los tiempos en los alumnos que recibimos año con año cargados de inquietudes de una diversidad de intereses y en muchas ocasiones con mas conocimiento en el uso de la computador o el Internet que el propio docente. Que tan abierto se encuentra para recibir este cambio continuo de los tiempos. Será capaz de aceptarlos o rechazarlos, en definitiva decir que los acepta pero en realidad continúa con sus conceptos tradicionalistas. Que no son nada atractivos, ni mucho menos cubren sus expectativas de los alumnos dentro del aula.

Aprendizaje significativo del AutoCad, del restirador a la pantalla. Elaboración de cuestionarios tipo examen de diagnostico, con la finalidad de conocer que tantos conocimientos tienen adquiridos en los cursos anteriores, para los alumnos. Así como para el docente que va impartir un curso o una materia,

Como lo menciona Gagné "aprendizaje es una nueva capacidad adquirida por el organismo y basada en los comportamientos ya existentes en su repertorio"

También menciona Bruner "El aprendizaje supone el procesamiento activo de la información y de cada persona lo organiza y lo construye a su manera"

Los docentes debemos "repensar" la manera en que trabajamos, en especial, reconocer la importancia de las diferencias individuales y saber atender a cada niño en sus dificultades en particular, sin hacer tanto énfasis en tareas grupales.

Asimismo, debemos modificar la forma en que evaluamos el aprendizaje, ya que casi siempre nos enfocamos en las habilidades espontáneas del niño y no nos preocupamos por sus habilidades de intercambio social para resolver problemas.

Debido a la existencia e importancia de esta zona, debemos planear con más cuidado el tipo de experiencias sociales y culturales a las cuales se va a exponer al niño. Normalmente, el profesor espera que el niño aporte algo para corregirlo y para apoyarlo. De acuerdo con este planteamiento, lo indicado es colocar al niño en situaciones en las que muy probablemente por sí mismo no se habría encontrado; en otras palabras, la educación debe ofrecer a los niños posibilidades de intercambio social que vayan más allá de lo que éstos encuentran en sus medios cotidianos habituales.

Conclusión

En el futuro seria interesante plantear un investigación diferente y tomar en cuenta procesos que se llevan a cabo en el alumno y tomar en cuenta procesos que se llevan a cabo en el alumno como individuo, y también como parte integral de la institución escolar para tratar de averiguar en que nivel de participación, iniciativa, integración y reivindicación se encuentra el alumno en si mismo y hacia la institución, ya que esto quizá repercuta de manera importante en su propio aprendizaje.

Proponer formas de establecer relaciones causa-efecto entre las diversas variables que intervienen en el proceso de enseñanza aprendizaje significativo como grupo y como individuos.

BIBLIOGRAFIA

📖 Abalos Bergillos, Rafael <u>AutoCad 2008 paso a paso trabajando en 2 dimensiones</u> 1a. ed. México, 2007, 363 pp.

📖 Pozo, Juan Ignacio <u>Teorías Cognitivas del Aprendizaje,</u> 9a. ed, Morata, España, 2007, 286 pp.

6) Los ambientes manuales y computarizados sus diferencias en la geometría plana

Gregorio Sánchez Ávila
5° Coloquio Internacional
Toluca, Estado de México, 2012

RESUMEN

La idea central que subyace es la realización de una reflexión sobre los ambientes manuales y computarizados utilizando Logo para la enseñanza de la Geometría Plana o Geometría de Euclides, son mucho más fáciles de aprender y consisten principalmente del uso de la regla, escuadras y del compás, dichos instrumentos son difíciles de aplicar a problemas más complejos que surgen de generalizaciones de los problemas geométricos bidimensionales. Se concluye que es indispensable que los estudiantes se familiaricen con ambos ambientes por dos razones: el ambiente computacional se presta a resolver problemas científicos y técnicos actuales y presumiblemente futuros y se lleva bien con la automatización de la labor numérica por medio de la computadora; los manuales valen la pena aprenderlos por la influencia que tienen sobre la organización del razonamiento. Por su naturaleza ideal las demostraciones son exactas y generales, mientras que los métodos numéricos, por más decimales que se lleven y por más casos particulares que se revisen, siempre tendrán un elemento de aproximación y por lo tanto de incertidumbre, situación aceptable al resolver problemas prácticos pero no aceptable al trabajar con la teoría.

INTRODUCCIÓN

Se han desarrollado diversas herramientas computacionales para apoyar la enseñanza de la Geometría Plana por medio de la computadora. Las herramientas son de muy diversa índole que tiene algunas facilidades gráficas basadas en geometría de coordenadas hasta los orientados a dibujo profesional (Autocad), pasando por otros especializados en la enseñanza de la geometría como el uso general orientado a la enseñanza con facilidades gráficas como Logo. En esta disertación discutiremos las diferencias entre los ambientes manuales en la enseñanza de la Geometría y el ambiente computacional que provee este software.

EL ÁMBITO MANUAL

El ambiente manual más común en la enseñanza de la Geometría en salón de clase es el uso de los instrumentos más comunes para trazar figuras y hacer mediciones. Los principales instrumentos son la regla graduada, el compás, el transportador, las escuadras y la goma de borrar. En algunos casos se cuenta con papel milimétrico, calculadora electrónica y curvígrafo o pistola francesa para dibujar curvas. Con estos instrumentos se pueden trazar y prolongar rectas que pasen por dos puntos, rectas perpendiculares a una recta dada que pase por un punto determinado, la medición de longitudes, trazar rectas paralelas a otra dada y que pase por un punto, encontrar el punto de intersección de dos rectas no paralelas, medir ángulos, trazar ángulos con medida dada y vértice en un punto especificado, trazar una recta que forme un ángulo determinado con una recta existente, trazar círculos y arcos de círculo, determinar la posición donde se cortan arcos de círculo. Pudiendo hacer estas operaciones primitivas se pueden hacer con cierta facilidad operaciones más complejas como construir un triángulo con lados de longitud determinada (siempre y cuando los lados satisfagan la desigualdad del triángulo), construir un cuadrado con lado especificado, construir paralelogramos, polígonos regulares, polígonos irregulares cuyos vértices están predeterminados, trazar tangentes a círculos que pasen por un punto determinado, cuadriláteros con lados especificados (que cumplan las restricciones necesarias) en posiciones determinadas, construir polígonos regulares, construir curvas con expresiones determinadas (por ejemplo parábolas, elipses, hipérbolas.)

EL AMBIENTE COMPUTACIONAL GEOMÉTRICO DE LOGO.

Logo es un lenguaje de computadora está orientado al aprendizaje (más que a la enseñanza) y está ligado a las teorías del suizo Jean Piaget. Su principal creador ha sido Seymour Papert estuvo trabajando con Piaget y compartía gran parte de sus ideas sobre la educación. Así podríamos decir que el fundamento teórico de los trabajos de Papert y que dan todo su sentido a Logo son: *"Lo que un individuo puede aprender, y cómo lo aprende, depende de los modelos con que cuenta. Esto plantea, a su vez, la cuestión de cómo los aprendió. De tal modo, las "leyes del aprendizaje" deben referirse al modo en que las estructuras intelectuales se desarrollan una a partir de otra y a cómo adquieren, en el proceso, forma tanto lógica como emocional".* Pero quizá sea más comprensible y gráfico tal y como lo explica él: *"El niño asimila los conocimientos de la misma forma que asimila el alimento; el aprendizaje, como proceso, se puede comparar a la transformación que sufre el alimento asimilado. El niño asimila conocimientos constantemente por medio de esquemas que se mantienen hasta el momento en que resulta necesario sustituirlos con otros esquemas nuevos, porque los anteriores se han vuelto insuficientes. Toda información nueva se compara con el esquema que el niño se ha creado y éste tiene validez hasta que aguanta la comparación; cuando ya no es así, se tiene un desequilibrio que implica la necesidad de volver a equilibrar, a reorganizar la estructura cognitiva".*

Piaget (citado Briones 2008) "La asimilación es la integración de elementos exteriores a estructuras cognoscitivas en evolución o ya acabadas en el organismo"

Este tipo de aprendizaje activo realiza las enseñanzas, en palabras de Benjamín Franklin "Me dices lo olvido, Me enseñas lo recuerdo, Me Involucras lo Aprendo".

Papert invirtió años al estudio de las posibilidades de la informática en la educación. Como resultado de su trabajo nació el **Logo** que es un método para dialogar con el ordenador, basado en un número relativamente pequeño de instrucciones básicas, con las que el usuario lleva a cabo el programa.

Las facilidades geométricas básicas permiten escribir texto y dibujar, una limitada gama de colores, el inconveniente de este programa el no trazar curvas o círculos. Solamente maneja rectas, por lo que para trazar un círculo hay que dibujar un polígono de muchos lados, el cual se aproxima al círculo.

En este sentido, es un lenguaje de procedimiento. Indicando órdenes, las funciones llamadas "gráficas primitivas" por su creador son entidades que sustituyen a los instrumentos tradicionales como regla, compás, trasportados, etc. Cada entidad se ejecuta mediante una sola orden. Este se puede desarrollar el "Micromundo de la tortuga".

La tortuga así llamado por él, es un triangulo orientado que puede comandarse desde el teclado de la computadora, desplazándola por la pantalla, de modo que el alumno puede realizar líneas con el uso de comandos ejecutados de modo. Estas órdenes son comprensibles por cualquier alumno. Que es utilizado desde los primeros años de edad escolar (preescolar, luego en la primaria), y madura en la medida que va creciendo el alumno, y que desafortunadamente no se lleva a la práctica, debido a desconocimiento de los docente o falta de interés por conocerlo, sin saber que es una útil herramienta para desarrollar su inteligencia lógico-matemática y espacial (Gardner 2007). Si se toma en cuenta que la versión esta en español.

Papert considera que en el uso de la computadora, es ésta quien controla al alumno, mientras en el ambiente **Logo** es el alumno quien toma las riendas y "programa", lo que quiere controlar de la computadora. Esto que parece tan simple conlleva un cambio substancial en el concepto de la educación. El fundamento está en que el alumno se convierta en un "epistemólogo" como le gusta decir, es decir, desarrollar el pensamiento y se hace consciente de la forma en que construye las nuevas ideas y su aprendizaje. Indicarle a la tortuga a realizar un movimiento primeramente, hacerlo mentalmente y transferir esa reflexión a la pantalla, con lo cual ya se está llevando a cabo una reflexión sobre las propias acciones y los propios pensamientos.

Como sabemos que el verdadero constructor de un aprendizaje es quien aprende y no quien enseña, es aquí donde se hace consciente de ello y lo disfruta. De esta forma el aprendizaje es más autónomo y autodirigido y deja de ser consecuencia de una situación en la que sólo se escuchan explicaciones. La ventaja de trabajar de esta manera establece como necesidad la reflexión sobre el "pensamiento" propio, hacia la tortuga y su representación posterior, facilitando la expresión de sus pensamientos, su capacidad que tanto su quejan que supuestamente carecen los alumnos.

> *Marabotto (citado Fernández, 2007) "Al docente le corresponde explorar y valorar como interactúan estos medios con el aprendizaje, que efectos producen en el estilo cognitivo de los alumnos, como elegir los mas adecuados y disponer una experiencia significativa para su utilización como herramienta en situaciones enseñanza –aprendizaje"*

La ventaja de trabajar y establecer la necesidad la reflexión sobre el "pensamiento" propio, en la tortuga y su representación posterior, se facilita la expresión de los pensamientos, capacidad de la que tantas veces nos quejamos que carecen nuestros alumnos.

Al alumno, utilizando estas órdenes básicas, puede llegar a familiarizarse con la geometría plana, los sistemas de coordenadas, o incluso conceptos más abstractos, como variable, que vivirá como propio y que sabrá perfectamente de dónde han salido, "de su cabeza". Esos conceptos siempre serán significativos para él y además él mismo se sentirá más "significativo" como constructor que es de su propio conocimiento. Lo que está aprendiendo le está dando poder gráfico, siendo un elemento motivador fundamental, y además una ayuda para mejorar su atención, capacidad de concentración y de anticipación, así como para un mayor desarrollo de su intuición.

Esto lleva al niño, de forma natural, a hacerse matemático. Se trata, en definitiva, de que el niño aprenda a pensar al reflexionando sobre lo que hace, "haciendo" matemáticas de forma creativa. Al tiempo se producirá un deleite en el alumno y el profesor por los resultados obtenidos, que casi siempre serán visibles, por lo que el trabajo realizado se carga de trascendencia y los alumnos muestran entusiasmo ante los nuevos retos.

> Menciona Freire (2007) "....en el proceso de aprendizaje, sólo aprende verdaderamente, aquel que se apropia de lo aprendido, transformándolo en aprehendido, con lo que puede, por eso mismo, reinventarlo; aquel que es capaz de aplicar lo aprendido-aprehendido a las situaciones existentes concretas. Por el contrario, aquel que es <<llenado>> por otro, de contenidos cuya inteligencia no percibe, de contenidos que contradicen su propia forma de estar en su mundo, sin que sea desafiado, no aprende"

Por supuesto conlleva a cometer errores, pero como sabemos que "de los errores se aprende" y que es preciso el error y la corrección para afianzar y aclarar los conceptos y sus límites. Pero la experiencia docente también nos enseña que los alumnos son muy dados a borrar toda una operación cuando se han equivocado y volver a empezar. Tienen el impulso de ocultar sus errores porque se les valora sólo por los aciertos y cada error es, o puede ser, un menoscabo en su aprecio. La verdad es que no debería ser así, ya que localizar y razonar sobre los errores nos enseña mucho.

Por ejemplo, hacer un escrito a lápiz y corregirlo varias veces es tan pesado la primera vez que se hace el borrador, como la última. Con la computadora, una vez escritas las correcciones son más fáciles y la limpieza del acabado es la misma para los que tienen más facilidad que para lo que no la tienen. Ese fenómeno es observable en las aulas y muy especialmente en las de Educación especial, de las que pondré algún ejemplo. El alumno pasa de rechazar la escritura como medio de expresión por lo desastroso de sus resultados, a estar encantado de usarla ya que tiene garantizados unos resultados que de otra forma no conseguiría.

El gran problema de la aplicación del LOGO tal como fue concebido por Papert en las aulas y la causa en gran medida de su pérdida de vigor en su uso actual es que se fundamente en una enseñanza "sin programa" y por tanto en un aprendizaje al más puro estilo piagetiano. Y eso en nuestra concepción actual de la enseñanza es muy difícil de implantar, no ya por el profesorado en sí, sino por la propia sociedad que tiene un concepto distinto de la educación y hoy por hoy sigue siendo un objetivo tan ambicioso como en el momento en que lo plantea.

DIFERENCIAS ENTRE EL AMBIENTE MANUAL Y EL AMBIENTE LOGO

Tomado del primer Libro de Euclides (citado Murray-Lasso) En la obra de Euclides los "libros" son equivalentes a lo que hoy en día llamaríamos "capítulos."

La influencia de Euclides (c. 300 A. C.) con su monumental libro *Elementos*, ha sido tan grande que no obstante que se sabe que tiene ciertos defectos y que para corregirlos hay necesidad de hacerle algunas adiciones a sus postulados, en gran medida el mundo sigue enseñando la Geometría Elemental de acuerdo con su plan diseñado hace 2300 años. Sus cinco postulados son:

1. Se puede dibujar una línea recta de cualquier punto a cualquier punto.
2. Se puede prolongar una línea recta finita continuamente en línea recta.

3. Se puede describir un círculo (circunferencia) con cualquier centro y distancia
4. Todos los ángulos rectos son iguales entre sí.
5. Si una línea recta que cae sobre dos líneas rectas de manera que los ángulos internos del mismo lado son menos que dos ángulos rectos, las dos líneas rectas si se prolongan indefinidamente se cruzan de aquel lado en el que están los ángulos que suman menos de dos ángulos rectos. (A este postulado se le conoce como el *postulado de las líneas paralelas* porque se puede sustituir por uno más sencillo que dice que por un punto que no está sobre una recta dada se puede trazar una y sólo una línea paralela a la recta dada. La definición 23 de las 23 definiciones de Euclides nos dice que las líneas rectas paralelas son líneas rectas que estando en el mismo plano al ser prolongadas indefinidamente no se juntan en ninguna de las dos direcciones. Es sabido que este postulado es equivalente a postular que la suma de los ángulos de un triángulo es igual a dos rectos).

Muchas de las diferencias entre el ambiente manual y el ambiente Logo se debe a que el ambiente manual tiene una enorme influencia de las ideas originales de Euclides. Debido a la manera en que presenta sus postulados, Euclides insiste en utilizar como herramientas fundamentales para hacer construcciones geométricas el compás y la regla sin graduaciones. El equivalente de instrumentos de medición como la regla graduada y el transportador, ambos de los cuales estaban prohibidos por los griegos. Por otra parte el compás, aunque lo puede utilizar Logo, le crea dificultades especiales, pues es más difícil detectar donde se cruzan dos arcos producidos por el compás El propio trazo del círculo en Logo carece de la naturalidad que tiene un círculo trazado con un compás, debido a que en realidad con Logo no se pueden dibujar curvas sino que se tienen que aproximar como una sucesión finita de rectas muy cortas. Uno de los puntos sutiles es que en el ambiente manual se utilizan los poderes del cerebro de hacer reconocimiento de patrones, una de las áreas más difíciles de la inteligencia artificial cuando se intenta hacer por medio de las computadoras, pero que forma parte de lo que se llama sentido común cuando lo hace un cerebro humano.

CONCLUSIÓN

La discusión sobre los diferentes ambientes de aprendizaje es muy importante y en este artículo apenas hemos rayado la superficie del tema. Hemos tratado de enfatizar que una buena parte de la diferencia entre el ambiente manual y el computarizado en la enseñanza de la geometría se debe a la diferencia de enfoques entre la geometría axiomática no métrica de Euclides y la geometría analítica métrica con algunos aspectos de geometría diferencial finita en la que está basado el ambiente de Logo. Este enfoque explica por qué los griegos insistían en usar una regla sin graduación y no admiten el transportador sino que hablan de ángulos rectos. Por otro lado comienza por colocar ejes perpendiculares y unidades de longitud en cada eje para así poder determinar puntos por medio de dos números. Utiliza fórmulas algebraicas y trigonométricas para determinar distancias con gran precisión y prefiere resolver ecuaciones simultáneas para determinar con gran precisión puntos de cruce en vez de recurrir a trazos geométricos.

Es importante que los estudiantes se familiaricen con los ambientes analíticos y métricos. Para ayudar a hacerlo existen excelentes libros con un enfoque computacional. Sin embargo, no debemos abandonar los ambientes geométricos puros pues hasta que no se domine la "inteligencia artificial", dichos métodos no han sido superados para la enseñanza del razonamiento y de actividades de importancia central en las matemáticas como la demostración matemática. En eso, no obstante el interés reciente en la formalización de la lógica, y el perfeccionamiento de la axiomatización de la geometría, los griegos siguen siendo supremos en la geometría elemental que nos legaron a través de Euclides y su legado.

BIBLIOGRAFIA DE REFERENCIA

Briones, Guillermo. (2008). Teorías de las Ciencias Sociales y de la Educación. *Epistemología*, Trillas, México, 1a. Reimp.

📖 Fernández Muñoz, Ricardo. "Docencia e Investigación" *Revista de la Escuela Universitaria de Magisterio de Toledo ISNN: 1133-9926 Número1 (versión digital) Año XXVI - Enero/Diciembre de 2001.*
http://www.uclm.es/profesorado/ricardo/Docencia_e_Investigacion/RicardoFdez.htm

📖 Freire, Paulo (2007). ¿extensión o comunicación?, *la conciencia en el medio rural*, Siglo Veintiuno Editores, México.

📖 Gardner, H. (2007). Estructuras de la mente, *La teoría de las múltiples inteligencias,* F.C.E., México, 6a.

📖 McFarlane, Angela (2001). El aprendizaje y las tecnologías de la información, Experiencias, promesas, posibilidades, Aula XXI/Santillana, España, 1a.

Murray-Lasso, M.A. (2000). "Ambientes Manuales y computarizados en la Geometría Plana: Caso Logo" División de Estudios de Posgrado de la Facultad de Ingeniería, UNAM, Correo Electrónico: walpole@prodigy.net.mx

7) La práctica de la investigación educativa

Por: Gregorio Sánchez Ávila
Doctorante Colpos, 2010

INTRODUCCIÓN

Las siguientes líneas tiene la intención a mi entender lo que ocurre sobre un proceso que es la construcción del objeto de estudio para con el apoyo del libro editado en conjunto el Colpos y la UPN, quienes preocupados en que desarrollemos un proyecto de investigación parece que olvidamos o ignoramos la parte central del proyecto de investigación.

Las diversas experiencia vividas así como los productos escritos elaborados en las diversas materia del doctorado permitiendo apreciar la preocupación se centra y que van dirigida al como desarrollar como tema de tesis, ignorando quizá que si bien esta parte es de suma importancia en los procesos de investigación y como lograr discernir el objeto de estudio del cual se van a trabajar.

Por lo que las disertaciones que se presentan de los autores del libro son para reflexionar sobre el fundamento que constituye y dan forma y sentido a la construcción de objeto de estudio.

La exposición del presente ensayo esta dividida en cuatro partes: *a) La construcción de una pasión, b) Del saber ser (pedagógico) al análisis (antropológico) de lo que se dice y su relación con lo que se hace en la escuela, c) La construcción de un objeto de estudio en la investigación educativa, d) Dos ejemplos para ilustrar la construcción del objeto de estudio.*

LA CONSTRUCCIÓN DE UNA PASIÓN

Como construimos una pasión o como construirla en una pasión el ejercicio docente o un trabajo de investigación.

Menciona Juan José Arreola *"enseñar es contagiar una pasión"* hace recordar la frase de Benjamín Franklin *"Me dices lo olvido, Me enseñas lo recuerdo, Me Involucras lo Aprendo"*

Lo anterior indica que el involucrarse en el desarrollo de la docencia, en la realización de una instigación siguiendo el proceso que marca y la metodología como lo establece Rojas Serrano "Como convertirse en hábil investigador". Esto no quiere decir que investigar por investigar para presentar un artículo, un libro con el fin de acrecentar su currículo personal, visto desde esa óptica, esta muy bien.

En lo particular, más que un trabajo de investigación para cumplir con lo establecido en la institución, es el resultado de una innovación en el centro de trabajo que actualmente me encuentro laborando. El aprovechar sus conocimientos en matemáticas, computación e ingles (los primero software eran en ingles), aplicados a una área especifica el dibujo por computadora para áreas afines. Como una propuesta para su formación académica y antecedente para el nivel medio superior. Sustentado con la teoría de la educación relacionada con el cognoscitivismo, el constructivismo y sus principales autores o autores que hacen referencia de ellos. Inició como un compromiso o como una obligación de diseñar, elaborar y desarrollar un tema de investigación se convirtió en una pasión que rebaso los limites. El interés de aprender a investigar estar inmerso comienza su propio proceso de acierto y error de no iniciarlo, jamás aprenderá a investigar

Nace de la pasión, el gusto, el placer, la seducción, la obsesión, el asumir de una vez y para siempre el ejercicio cotidiano de buscar hasta concluir.

Ray Bradbury menciona "si no quieres que un hombre se sienta políticamente desgraciado, no le enseñes dos aspectos de una misma cuestión, para preocuparle; enséñale uno. O mejor aun, no le des ninguno".

Esto nos indica una u otra razón aceptar el reto de vivir la experiencia de realizar una investigación.

Estar conscientes que la investigación no es tan solo un medio de conseguir el grado anhelado se vea como un simple tramite o como parte de la carga laboral.

El obligarnos a pensar, a observar, adentrarse en la lectura o en la redacción de ideas que revolotean en nuestra cabeza, no es otra que la pasión por la investigación que demanda y nos roba tiempo para la pareja, diversiones, sueño y actividades de fines de semana, que busca desesperadamente de papel y lápiz, de un lugar mas oportuno que permita desarrollar o resolver un problema, análisis de datos o ideas que enriquecen nuestra reflexión.

Esta pasión nos ayuda a entender que es uno capaz de elegir libremente construir una situación y como describirla.

Estar conscientes el trabajo de investigación por si mismo no tiene nada de espectacular. La riqueza o la fama son palabras ausentes en el diccionario del investigador, al contrario son desvelos, incomprensión, ansiedad, un grado de neurosis e incluso una vista disminuida por estar un sin numero de horas frente a una pantalla de una computadora. Es casi seguro que la labor de una investigación exista déficit. No todo es tragedia y tragos amargos, hay satisfacciones como e conocer otras personas del círculo e investigadores, otras ciudades donde celebran congresos para exponer el trabajo que realiza para compartir experiencias, disertar las ideas acerca de su obra. La satisfacción personal, de sentir el gusto, la emoción de ser publicados en revistas por medios impresos y electrónicos.

En cuestión el trabajo de investigación, disciplina y algún grado de obsesión del sujeto. La pasión surgirá o no, por lo que no hay recetas, plantear al inicio de una investigación, quizá no sirva de nada para otras personas, ni les interese, pero en cambio estar fascinado consigo mismo de lo que se esta haciendo y no desanimarse y aprender tres cosas que marcaron la experiencia investigativa:

1. *No se puede andar solo por la vida, es invaluable la lectura de otros. Las críticas constructivas no permite visualizar las cosas que desde adentro es imposible ver.*
2. *Superar el miedo al hablar o escribir sobre el objeto de estudio, es fundamental, constituye el única manera de atacar las páginas en blanco o una pantalla de computadora.*
3. *es importante haber definido el tema, realizar un mapa conceptual, un índice desglosado que contenga temas, sub-temas, sub-sub-temas, que el objeto de estudio pueda ser dividido, como el capitulado de un libro para una mejor comprensión cabal del objeto de estudio. Realizando a conciencia el capitulado obtenido será muy grande el avance del objeto de estudio que se esta investigando. De esta manera discernir los temas que va a dedicar y ser capaces de desechar lo que no forma parte del objeto de estudio.*

Teniendo el mapa de objeto sobre el cual se va a trabajar delimitar las diversas aristas que el objeto presenta, la forma de trabajarlo.

Por otra parte la existencia de la incertidumbre es una demostración de la profunda sabiduría cósmica. El tener la certeza sobre cuando y donde surgirá la pasión, seguramente el temor nos para liza impidiendo así la conjugación feliz de las almas.

Buscar, elegir, construir un buen tema es abonar a que la pasión surja. No existe ninguna garantía, ni mucho menos alguna infalible para tal efecto; pero estar convencidos y trabajar desde sus cimientos, la probabilidad de florecer sea mayor. Es de notar que al principio no la percibimos hasta estar consumido por ella, por la pasión, que en alguno de nosotros, hoy nos hayan contagiado.

DEL SABER SER (PEDAGÓGICO) AL ANÁLISIS (ANTROPOLÓGICO) DE LO QUE SE DICE Y SU RELACIÓN CON LO QUE SE HACE EN LA ESCUELA

La elección a temas de investigación relacionados a la antropología educativa, la importancia de la historia, la sociología, los estudios de la comunidad hacen énfasis a una investigación cuantitativa y a un modelo dominante de la tecnología educativa.

La didáctica, la pedagogía es inicialmente concebida como un problema de planeación y sistematización de actividades y recursos sin importar el contenido académico.

Se modifico esta al colaborar con profesionales de la salud y la pasión por llevar registros de una gran cantidad de elementos que integran el plan de atención y en especial al estudio de las características propias de la comunidad que rodea a la institución de salud. Por lo que se tomaron como base para investigaciones que giraron a este entorno.

La autora se vio en la necesidad de realizar estudios de doctorado cosa que no le resulto muy sencillo al inicio, aceptando la propuesta del Dr. Serrano de cursar el propedéutico de la maestría, una vez que ingreso al doctorado identifica una variedad de campos de la antropología mexicana: física, arqueología, la lingüística antropológica, la social, etnológica y sus principales investigadores.

Su investigación elegida y el problema que se le presentó de sujetos escolares a partir de sus narraciones míticas y rituales, desde la perspectiva de una tradición antropológica y las dificultades al trasladar un paradigma científico a una región ancestral, cultural y geográficamente compleja que existen aun e nuestro días al campo educativo.

Dentro de este acontecer una visión estructurada más allá del complejo mundo de creencias combinada en su medio en que viven su situación de vida del hombre en general.

Menciona Bloch (citado Órnelas, 1996) el ritual incita a sus participantes a involucrarse en las actuaciones comunitarias, lo cual implica también un complejo proceso de trabajo.

La posibilidad de combinar el análisis histórico del pasado educativo con las culturas escolares especificas que influyen en la identidad escolar y sus dinámicas socioculturales. La cultura escolar se ubicado en el proceso de transformación continua de las antiguas estructuras y creencias articulando la dinámica y creativa.

Apoyada en Braudel, las antiguas herencias culturales, de creencias que identifican transmitiendo de generación en generación.

La construcción de ideologías parte de sus contenidos de mentalidades existentes su estudio de las formas asumidas por la conciencia social. Con determinados parámetros que dominan a su entorno natural, involucrando en ello el plano cognoscitivo y el ejercicio de poder.

Todo campo cultural y educativo con una visión del mundo constituido de mitos y rituales narrados y actuados en sus espacios institucionales.

La autora aborda la etnografía, el objeto del conocimiento y el diario de campo como base en la elaboración del conocimiento referentes socio-histórico y comparativo en una localidad, una población a investigar, con preguntas o hipótesis para el trabajo indagativo y sus sujetos de estudio. En coparticipación al problema ético así como obtención de informes veraces y exactos. El trabajo se apoya en testimonios orales de innumerables personas avecinadas a elementos de mayor peso y tradición.

La libreta de trabajo registra el objetivo, anota sus ideas, sus impresiones, preguntas afirmaciones, intuiciones, reflexiones y sentimientos de la investigadora, notas breves sobre referencias teóricas y observaciones. Análisis de lo observado con ampliación y profundización de los horizontes teóricos organizados por fechas, agregando datos como: lugar, participantes involucrados.

Dicho diario se construye día a día se requiere utilizar la mitad del tiempo destinado a la investigación. Apoyados en líneas de análisis, categorías generales y especificas, superando la fascinación por lo concreto y el culto al empirismo. Temas, subtemas, posiciones teóricas y referencias documentales traslados al informe final agregando material fotográfico, filmaciones y otros materiales.

En concreto la etnografía como una necesidad en la investigación el análisis sociohistórica y comparativa de los procesos escolares como: la observación directa, las entrevistas escritas en el diario de campo, el análisis documental permitiendo enriquecer y para la toma de decisiones sobre el nivel educativo, en el ámbito académico curricular, de la formación y la actualización docente, la didáctica y los procesos de aprendizaje escolar y todo lo relacionado con la escuela y su entorno comunitario.

LA CONSTRUCCIÓN DE UN OBJETO DE ESTUDIO EN LA INVESTIGACIÓN EDUCATIVA

El conocimiento en el proceso educativo, se construyen conocimientos a partir de observar y documentar hechos educativos que producen en un *"deber ser"* con el fin de un fin que alcanzar por medio de la investigación.

Una huella acerca del conocimiento que nos permite conocerla inmediata y directa, la acción objetivamente del sujeto a investigar. Por lo que estudiantes como docentes sobre la generación de conocimientos de lo educativo a través de la investigación.

La construcción del objeto de estudio, es una tarea de alto nivel de complejidad que involucra: la opacidad constitutiva de lo social y el fenómeno educativo; la subjetividad-objetividad, una tarea para el investigador educativo, la producción de conocimientos, determinan aproximaciones analíticas y problemas a estudiar.

La concepción de la investigación educativa, se inscribe en un horizonte de inteligibilidad implica una posición epistemológica en la construcción del objeto de estudio a partir de tres problemas: *a) discusión sobre ciencias social; b) ubicación de los paradigmas su desarrollo e implicaciones en la epistemología; c) los cuatro niveles de construcción del objeto de estudio: epistémico, teórico-metodológico e instrumental.*

La elaboración de conocimientos acerca de lo social, giran en torno a un conjunto de preguntas: *¿Qué significa investigar?, ¿Qué es ciencia social?, ¿Se trata de interpretar, explica o ambas cosas?*

Tales cuestionamientos han transitado por diversos caminos, están en función del paradigma del cual se desarrolla.

En primer termino el paradigma positivista o empírico-analítico su desarrollo metodológico sistemático en la observación y cuantificación.

El paradigma critico-dialéctico o marxista el cual el sujeto revolucionario juega un papel estratégico. Que a partir de esclarecimiento de as leyes del curso histórico marca una visión ético-política, como la incorporación del socialismo-comunismo, se define como la producción de conocimientos comprometidos a una legalidad histórica.

Por ultimo el paradigma interpretativo-hermenéutico con un amplio abanico de tradiciones y perspectivas, va de la fenomenológica, la hermenéutica y el estructuralismo.

Este modelo se conforma de pensamientos, el deseo y el interés vital, formas de pensamiento vinculadas a las estructuras lingüísticas.

La investigación social y educativa giran alrededor del desarrollo de la comprensión donde estas tiene como definición y cometido la explicación. El sujeto cognoscente, la pretensión explicativa que concibe la realidad. El establecimiento de hipótesis operativas, la construcción de significados de la realidad social del quehacer teórico-conceptual.

El interés interpretativo-comprensivo, en la construcción de significados de la conformación de la realidad social.

En cuanto a la tradición marxista la procuración ético-política es recuperada, previo proceso de desmontaje y radicalización, particularmente de los aportes gramscianos.

La razón cartesiana en termino Heidegger desarrollada por Descartes toma el ser del ser "se ahí", a cuya constitución fundamental es inherente el "ser en el mundo" la condición histórica de todo "ser" y, mas aun, del "ser" que constituye dicho estatuto para todo ente: el ser del "ser ahí", diluyéndose su carácter de posibilidad cancelando la propia historicidad, borrando la distinción entre el ser y el ente.

La tarea de desmitificación del *"ser"* del ser humano sustentado, Nietzsche su planteamiento las construcciones simbólicas e imaginarias, elabora para poder *ser*.

La inteligibilidad que abre a partir el proceso de fisuración y del *"ser"* de todo ente como resultado entre *necesidad y contingencia*.

La concepción histórico-social un conjunto de profundas transformaciones. En el plano del proceso identificatorio como "enraizamiento dinámico", "nomadismo", "oscilación identitaria", "trabajo del actor".

Lo anteriormente expuesto, la idea de un horizonte de inteligibilidad sin abandonar su leguaje metafísico fuertemente sedimentado en el pensamiento occidental adoptar una estrategia de fisuración de éste. Fundamentalmente del pensamiento. Para Derrida: *"No se trata pues, de atacar a la metafísica de frente sino de minar, de acentuar las fisuras, las grietas que ya desde siempre la resquebrajan"*

El posicionamiento filosófico y epistemológico orientado al quehacer en la investigación educativa a partir del análisis de discurso desarrollado y llevado al terreno de la investigación educativa.

Este enfoque analítico del pensamiento moderno, propone la idea de una fisuración y reorientación de sus principios fundamenta de la modernidad: Sociedad, Ciencia, Sujeto e Historia. La visión histórica radica donde la contingencia y la necesidad constituye un atención constitutiva de cualquier identidad en sentido *quasi*-ontologico.

El análisis político de discurso como un flujo permanente de significaciones de contingente, precario y abierto. Deriva de la imposibilidad de conformar identidades plenas y totales.

Una verdad construida con la posibilidad que produzca otras construcciones significantes que ocupen ese lugar, en el marco de contexto históricos particulares que involucra dos presupuestos básicos: *a) la opacidad de lo social y b) la negativa como constitutiva de toda positividad ya que siempre son incompletas e inacabadas.*

Esa interpretación, involucra pensar en la imposibilidad de una relación transparente e inmediata con la realidad, bordeando y permitiendo eludir lo *real*.

Una *lógica discursiva* organiza estratégicamente el pensamiento a toda práctica social como proceso de significación distinguiendo sistemas significantes en contextos históricos particulares.

El sujeto ético-político esta determinada dimensiones que se plasma en el objeto de estudio en construcción, del investigador es formado se considera legitimo o no.

La línea de pensamiento no es meramente normativa en la investigación, involucra una serie de condiciones. *a) epistémica, teóricas, metodologías e instrumentales al objeto de estudio bajo la lógica de necesidad-contingencia; b) las conclusiones en curso de la investigación involucran verdades.*

El sujeto de la investigación, en tanto sujeto ético-político, la condición particular el contexto histórico y cultural del terreno educativo determinada normatividad en su quehacer investigativo del terreno educativo, una tarea compleja que involucra el desarrollo de estrategias, la producción de conocimientos sobre lo educativo entre el sujeto investigador y la objetividad que investiga, las perspectivas epistemológicas y teórico metodologías así como determinados ámbitos problemáticos.

Para la elaboración de un referente teórico en particular el objeto de estudio, se organiza, se conceptualiza, una coherencia y profundidad en la construcción del problema de estudio, las indagaciones, como la construcción de dimensiones y ángulo de análisis.

La investigación en un enfoque teórico-metodológico. Como el análisis político del discurso, análisis institucional y la teoría de la ideología.

El proceso de interpelación ofrecida a los docentes en activo, distintos niveles en su mayoría de educación básica. Dan forma a la construcción del objeto de estudio, referente teórico en la construcción del diálogo

Los ejes analíticos, uno político y el otro psíquico, involucra el proceso identificatorio: en lo político el análisis del discurso, lo psíquico el análisis institucional.

En el proceso de constitución del sujeto y las identidades e instituciones educativas. El plano político reside en la definición del *ser* del sujeto-actor educativo con una mirada ontológico-política. En lo psíquico sujeto-actor educativo se encuentra en la *institución educativa* con una mirada psico-social.

El *funcionamiento ideológico* alude a la categoría de *ideología* permite evadir, "huir", de lo *real*.

Ha desarrollado tres emplazamientos: *a) El relativo a las condiciones de producción discursiva; b) Los discursos producidos y c) las formas de resignificación de los sujetos-actores educativos.*

Lo anterior encuadre analítico, el proceso identificatorio de los sujetos-actores educativos situando: a) los referentes dejando huella en el discurso educativo b) el discurso como "verdad" a los sujetos-actores educativos a *ser* educadores ambientales y c) las formas de resignificación y de identificación elaborando el *discurso institucional* que habitaron.

La perspectiva epistemológica y teórico-metodológica, la generación y procesamiento de datos, la construcción del objeto de estudio debe producirse con una coherencia.

La construcción de herramientas y procesamiento de datos como elemento central por los diversos sujetos-actores, así como las construcciones simbólicas e imaginarias. Los aspectos vinculados al funcionamiento ideológico y sus ejes políticos y psíquicos marcados en la apertura y cierre de múltiples senderos analíticos. Denotando el interés, el compromiso y legitimación.

El diseño de guiones de entrevistas y del cuestionario, la estructura para establecer indicios en los estudiantes de sociología en respuesta a los requerimientos de indagación.

Con lo anterior, la implementación de enfoque metodológico instrumental adoptado el uso de los datos construidos vinculados al aparato teórico-conceptual en la construcción del objeto de estudio en una constante relación en el marco de la cual esta construido.

DOS EJEMPLOS PARA ILUSTRAR LA CONSTRUCCIÓN DEL OBJETO DE ESTUDIO.

La construcción del objeto de estudio en el área educativa esta relacionada con el uso de simuladores en el aprendizaje en el área de matemáticas y educativa. Con el propósito de adentrarse en el conocimiento profundo del tema, así como el enfoque y la metodología.

El objeto de estudio recorta la "realidad" que se quiere aprender de una forma científica, se le conoce como proceso investigativo que delimita algún fenómeno político, económico, social, cultural, natural, interesados en conocer su comportamiento y con la finalidad de resolver una problemática dentro del campo de estudio y un conocimiento mas profundo de dicho ente. Es equivalente en la construcción de una teoría o línea de conocimiento, un conocimiento profundo de la estructura teórica.

Básicamente esta obligado a construir el estado de conocimiento o estado del arte vinculado al objeto de investigación que uno ha decidido estudiar.

La importancia de una buena asesoría, es muy importante trabajar bajo la asesoría de un investigador con conocimientos profundos del tema, disponibilidad de tiempo que pueda ofrecer hacia el trabajo. En este sentido el trabajar con una persona accesible y un conocimiento profundo del tema se tiene el camino avanzado. Si se trabaja en cuerpo y alma con las ideas que proponga y la disposición de aceptar las exigencias que impone trabajar con un investigador de esa talla. La importancia de la gran cantidad de tiempo requerido en este tipo de estudios.

Leer acerca de las teorías relacionadas al objeto y tener un acercamiento novedoso y más profundo de estos. Al construir el marco conceptual a partir de los elementos sugeridos, realizar el trabajo de campo, organización y análisis de datos de nuestra investigación. Estos factores constituyen que se denomina **marco conceptual**.

Un marco conceptual describe los principales aspectos que serán objeto de estudio en una investigación cualitativa, así como las posibles relaciones que existen entre ellos.

De esta manera considerar la investigación y hacerla mas compleja, pero a su vez mas rica y sólida.

La elección del tema, elegido el tema, es necesario hacer una revisión bibliográfica relacionada al tema elegido, así como de las herramientas que permitan el manejo y el análisis y presentación fácil de datos es de gran utilidad en la práctica del docente dentro del aula.

El contar con una herramienta computacional permite ilustrar de manera más "realista" y dinámica los conceptos de enseñanza. Interesados en los procesos de enseñanza-aprendizaje el contar con una herramienta para que los alumnos puedan comprender el uso del software para enseñar.

El objeto de estudio, reflexión de los alcances del software en la enseñanza e interactuando con los alumnos.

Enfoque metodológico elegido, es importante señalar que la investigación cual se escoge, el cuantitativo o cualitativo; el primero se pretende medir el incremento de conocimiento en un grupo experimental, en cambio es: intuitivo, va al escenario desde una perspectiva holística, los escenario no son reducidos a variables, sino considerar un todo, tienen sensibilidad a los efectos que ellos mismos causan sobre las personas que son objetos de estudio.

Dentro el cualitativo se encuentra la etnometodología, este se centra en los métodos y estrategias.

Considerar la metodología adecuada y de las herramientas para ayudarnos a redefinir de mejor manera de abordar dicho objeto de estudio nos permite como guía para nuestro trabajo, los investigadores experimentados nos advertirán las limitaciones del uso de tal o cual metodología y las posibles aplicaciones en otras áreas.

Podría parecer fastidioso, se convierte en un viaje de descubrimiento de metodologías y teorías que consideraremos mas adecuadas a nuestra investigación.

Hagamos nuestras sencillamente por la belleza estética que ellas emanan hacia nosotros.

Como se puede apreciar la importancia de del objeto de estudio en la realización del trabajo de investigación doctoral, la metodología, es importante señalar que la investigación cual se escoge, el cuantitativo o cualitativo.

No perder la pasión por investigar, solo por cumplir con el requisito administrativo de la obtención del grado y no perder el ánimo y la fascinación por investigar y aportar a la comunidad educativa.

Bibliografía

Delgado Reynoso, Juan Manuel y Primero Rivas Luis Eduardo (2009). La Práctica de la Investigación Educativa. *La Construcción del Objeto de Estudio*, 2a. ed., Colpos-UPN, México.

BIBLIOGRAFIA GENERAL

BIBLIOGRAFIA GENERAL

Citada

 📖 Ausubel, David P. (2003) Psicología educativa, un punto de vista cognoscitivo. *Aprendizaje por descubrimiento*, Trillas, México.

 📖 Bruner, Jerome S. (2001) El Proceso Mental en el Aprendizaje, Narcea, España, 1a.

 📖 Campbell D. F. & Stanley J. C. (2005). Diseño experimentales y cuasiexperimentales en la investigación social, Amorrortu, Argentina, 9a.

 📖 Carretero Mario (2006) Constructivismo y Educación, AIQUE Didáctica, Argentina, 8a

 📖 Fernández Muñoz, Ricardo. "Docencia e Investigación" *Revista de la Escuela Universitaria de Magisterio de Toledo ISNN: 1133-9926 Número1 (versión digital) Año XXVI - Enero/Diciembre de 2001.*

http://www.uclm.es/profesorado/ricardo/Docencia_e_Investigacion/RicardoFdez.htm

 📖 Ferrini, Maria Rita (2001) Bases Didácticas. *Educación dinámica, Progreso, México, 7a.*

 📖 Freire, Paulo (2006).La importancia de leer y el proceso de liberación, Siglo Veintiuno Editores, México.

 📖 _____ (2007). ¿extensión o comunicación?, *la conciencia en el medio rural*, Siglo Veintiuno Editores, México.

📖 _____ (2007). La educación como práctica de la libertad, Siglo Veintiuno Editores, México.

📖 _____ (2009). Pedagogía de la autonomía, Siglo Veintiuno Editores, México.

📖 _____ (2010). La educación en la ciudad, Siglo Veintiuno Editores, México.

📖 Guillermo Padilla Díaz de León (1999.) Tlalnepantla de Baz Monografía Municipal. Toluca, Estado de México, México, 1a.

📖 Hernández Sampieri, R. & Fernández Collado C. & Baptista Lucio P. (2010) Metodología de la Investigación, Mc Graw Hill, México, 4a.

📖 McFarlane, Angela (2001). El aprendizaje y las tecnologías de la información, Experiencias, promesas, posibilidades, Aula XXI/Santillana, España, 1a.

📖 Thomas, Armstrong (2006). Inteligencias Múltiples en el Aula. *Descripción de las ocho inteligencias,* Paidós, España, 2a.

📖 Pozo, Juan Ignacio (2006) Teorías cognitivas del aprendizaje, Morata, España, 9a.

📖 Vygotski, Lev S. (2006). El desarrollo de los procesos psicológicos superiores, Critica, España, 3a. reimpresión.

Consultada

📖 Alcalá, Manuel. (2002). La construcción del lenguaje matemático, Grao, España, 1a.

📖 Álvarez-Gayou Jurgenson, José Luís (2007). Cómo hacer investigación cualitativa. *Fundamentos y metodología, Paidos, España, 1a. reimp.*

📖 Antonio Alonso, José. (2008). Metodología, Limusa, México, 1a.

📖 Arancibia C, Violeta. (2007). Psicología de la educación, Alfaomega, México, 2a.

📖 Bigge, Morris L. (2007). Teorías de aprendizaje para maestros, Trillas, México, 1a. reimpresión.

📖 Booth, Wayne C. & Colomb, Gregory G. & Williams, Joseph M. (2008). Cómo convertirse en un hábil investigador, Gedisa, España, 3a. reimpresión.

📖 Bórquez Bustos, Rodolfo. (2006). Pedagogía critica, Trillas, México, 1a.

📖 Bower, Gordon H. & Hilgard, Ernest R. (2006). Teorías de aprendizaje, Trillas, México, 1a. reimpresión.

📖 Briones Guillermo. (2008). Teorías de las ciencias sociales y de la educación. Epistemología. Trillas, México, Reimp.

📖 Bruner, Jerome (2006). Actos Significativos. Mas allá de la revolución cognitiva, Alianza Editorial, España, 8a.

📖 _____ (2007). Acción, Pensamiento y Lenguaje, Alianza Editorial, España, 7a. Reimp.

📖 _____ (2004). Desarrollo cognitivo y educación. *Selección de textos por Jesús Palacios*, Morata, España, 5a.

📖 _____ (1990). La elaboración del sentido, Paidos, España, 3a.

📖 _____ (2004). La importancia de la educación, Paidos, España, 2a.

📖 _____ (2004). Realidad mental y mundos posibles. Los actos de la imaginación que dan sentido a la experiencia, Gedisa, España.

📖 Cabero Almenara J. & Romero Tena, R. (2007). Diseño y producción de TIC para la formación. *Nuevas tecnologías de la información y la comunicación*, Editorial UOC, España, 1a.

📖 Carretero, Mario. (2009). Constructivismo y Educación, Paidos, Argentina, 1a. ampliada.

📖 Castorina, José Antonio. (2008). Piaget-Vygotski: contribuciones para replantear el debate, Paidos educador, Argentina, 4a. reimpresión.

📖 Chadwick, Clifton B. (1998). Tecnología educacional para el docente, Piados Educador, España, 5a.

📖 Cohen, Dorothy H. (2007). Como aprenden los niños, FCE, México, 4a. reimpresión.

📖 Coll Salvador, Cesar. (2008) Aprendizaje Escolar y Construcción del Conocimiento, Paidos, México, 1a.

📖 _____ (2007). El constructivismo en el aula, Grao, México, 17a.

📖 _____ (2007). Psicología y curriculum, Paidos, México, 1a. reimpresión

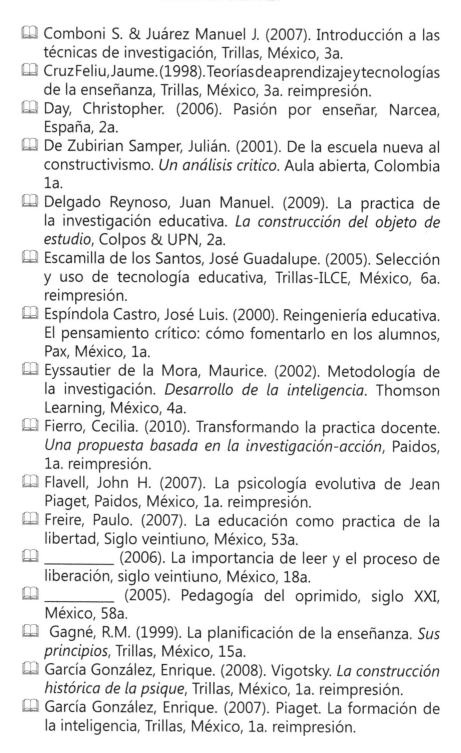

📖 Comboni S. & Juárez Manuel J. (2007). Introducción a las técnicas de investigación, Trillas, México, 3a.

📖 Cruz Feliu, Jaume. (1998). Teorías de aprendizaje y tecnologías de la enseñanza, Trillas, México, 3a. reimpresión.

📖 Day, Christopher. (2006). Pasión por enseñar, Narcea, España, 2a.

📖 De Zubirian Samper, Julián. (2001). De la escuela nueva al constructivismo. *Un análisis critico*. Aula abierta, Colombia 1a.

📖 Delgado Reynoso, Juan Manuel. (2009). La practica de la investigación educativa. *La construcción del objeto de estudio*, Colpos & UPN, 2a.

📖 Escamilla de los Santos, José Guadalupe. (2005). Selección y uso de tecnología educativa, Trillas-ILCE, México, 6a. reimpresión.

📖 Espíndola Castro, José Luis. (2000). Reingeniería educativa. El pensamiento crítico: cómo fomentarlo en los alumnos, Pax, México, 1a.

📖 Eyssautier de la Mora, Maurice. (2002). Metodología de la investigación. *Desarrollo de la inteligencia*. Thomson Learning, México, 4a.

📖 Fierro, Cecilia. (2010). Transformando la practica docente. *Una propuesta basada en la investigación-acción*, Paidos, 1a. reimpresión.

📖 Flavell, John H. (2007). La psicología evolutiva de Jean Piaget, Paidos, México, 1a. reimpresión.

📖 Freire, Paulo. (2007). La educación como practica de la libertad, Siglo veintiuno, México, 53a.

📖 _____ (2006). La importancia de leer y el proceso de liberación, siglo veintiuno, México, 18a.

📖 _____ (2005). Pedagogía del oprimido, siglo XXI, México, 58a.

📖 Gagné, R.M. (1999). La planificación de la enseñanza. *Sus principios*, Trillas, México, 15a.

📖 García González, Enrique. (2008). Vigotsky. *La construcción histórica de la psique*, Trillas, México, 1a. reimpresión.

📖 García González, Enrique. (2007). Piaget. La formación de la inteligencia, Trillas, México, 1a. reimpresión.

📖 García Rolando (2000). El conocimiento en construcción de las formulaciones de Jean Piaget a la teoría de sistemas complejos, Gedisa, España, 1a.

📖 Gardner, H. (2007). Estructuras de la mente, *La teoría de las múltiples inteligencias,* F.C.E., México, 6a.

📖 _____ (2005). Inteligencias Múltiples. *La teoría en la práctica*, Paidos, España, 1a.

📖 Gaubeca Naylon, Luz María. (2008). Teoría del conocimiento. Tomas de Aquino y Jean Piaget. Publicaciones Cruz, México, 1a.

📖 Garza María, R, & Levanthal S. (2006). Aprender cómo aprender, Trillas-ILCE, México, 1a. reimpresión.

📖 Giménez, Joaquim. (2004). La actividad matemática en el aula, Grao, España, 1a.

📖 Giry, Marcel. (2006). Aprender a razonar. *Aprende a pensar*, siglo veintiuno, México, 4a.

📖 González Rey, Fernando L. (2007). Investigación cualitativa y subjetividad. Los procesos de construcción de la información, Mc Graw Hill, India 1a.

📖 Guevara Nieva, G. & de Leonardo P. (2007). Introducción a la teoría de la educación, Trillas, México, 3a.

📖 Gutiérrez Sáenz, Raúl. (2008). Introducción a la didáctica, Esfinge, México, 2a. reimpresión.

📖 Hernández Rojas, Gerardo. (2008). Paradigmas en psicología de la educación, Paidos, México, 19a.

📖 Horrocks, John E. (2008). Psicología de la adolescencia, Trillas México, 1a. reimpresión.

📖 Imbernón, F. (2008). La investigación educativa como herramienta de formación del profesorado, Grao, España, 4a.

📖 Kasuga de Y, L. Gutiérrez de Muñoz, C. & Muñoz Hinojosa J. D. (2004). Aprendizaje acelerado, Grupo Editorial Tomo, México, 5a.

📖 Kuhn, Thomas S. (2007). La estructura de las revoluciones científicas, FCE, México, 1a. reimpresión.

📖 López Calva, Martín. (2005). Planeación y evaluación del proceso enseñanza-aprendizaje. *Manual docente*. Trillas, México, 5a.

📖 Lozano Rodríguez A. & Burgos Aguilar J. V. (2008). Tecnología educativa en un modelo de educación a distancia centrado en la persona, Limusa-ITESM, México, 1a. reimpresión.

📖 Marland, Michael. (2003). El arte de enseñanza. *Técnicas y organización del Aula*. Morata, España, 4a.

📖 Martínez Miguélez, Miguel. (2004). Ciencia y arte en la metodología cualitativa, Trillas, México, 1a.

📖 Martínez Miguélez, Miguel. (2008). La investigación cualitativa etnográfica en educación. *Manual teórico-practico*. Trillas-, México, 1a. reimpresión.

📖 Méndez Ramírez, I. & Namihira Guerrero, D. & Sosa de Martínez, C. (2006). El protocolo de investigación, Trillas, México, 10a. reimpresión.

📖 Orton, Anthony (2003). Didáctica de las matemáticas, Morata, España, 4a.

📖 Pansza González, Margarita. (2006). Fundamentación de la didáctica, Gernika, México, 15a.

📖 Piaget, Jean. (2006). La formación del símbolo en el niño, FCE, México, 17a.

📖 _____ (2005). Adaptación vital y psicología de la inteligencia, siglo veintiuno editores, México, 11a.

📖 _____ (1999). La psicología de la inteligencia, Crítica, España, 1a.

📖 _____ (2005). Psicología y pedagogía, Critica, España, 2a.

📖 _____ (2007). Psicología del niño, Morata, España, 17a.

📖 _____ (1995). Seis estudios de psicología, Labor, Colombia, 4a.

📖 _____ (2005). El lenguaje y el pensamiento del niño pequeño, Paidos, España, 1a.

📖 _____ (1999). El estructuralismo, Publicaciones cruz, México 1a.

📖 _____ (2005). La equilibración de las estructuras cognitivas. *Problema central del desarrollo*, Siglo XXI, México, 7a.

📖 Phillips, Estelle M. & Pugh, Derek S. (2003). Cómo obtener un doctorado. *Manual para estudiantes y tutores*, Gedisa, España, 1a. reimpresión.

📖 Pimienta Prieto, Julio Herminio. (2007). Método Constructivista. *Guía para la planificación docente*, Pearson-Pretende Hall, México, 2a.

📖 Ponce, Miriam (2008). Como enseñar mejor. Técnicas de asesoramiento para docentes. Paidos, México, 1a. reimpresión.

📖 Popper, Karl R. (2007). Conocimiento objetivo. Un enfoque evolucionista, Tecnos, España, 5a.

📖 R. Bartolomé, Antonio. (2003). Nuevas tecnologías en el aula, Grao, España, 4a.

📖 Saint-Onge, Michel. (1997). Yo explico pero ello ¿aprenden?, Ediciones Mensajero, España, 3a.

📖 Sierra Bravo, Restituto. (2007). Tesis doctorales y trabajos de investigación científica, Thomson, España, 5a. reimpresión.

📖 Skemp Richard. (1999). Psicología del aprendizaje de las matemáticas, Morata, España, 2a. reimpresión.

📖 Stenhouse, Lawrence. (2007). La investigación como base de la enseñanza, Morata, España, 6a.

📖 Wilber, Ken. (2007). La visión integral. *Introducción al revolucionario enfoque sobre la vida, dios y el universo*. Kairos, España, 1a.

📖 Woolfolk, Anita. (2006). Psicología educativa. Pearson-Addison Wesley, México, 9a.

📖 Zarzar Charur, Carlos A. (2008). Habilidades básicas para la docencia, Editorial Patria, México, 1a. reimpresión.

www.ingramcontent.com/pod-product-compliance
Lightning Source LLC
Chambersburg PA
CBHW051237050326
40689CB00007B/964